信访工作条例

注释本

法律出版社法规中心　编

法律出版社
LAW PRESS CHINA
·北　京·

图书在版编目（CIP）数据

信访工作条例注释本 / 法律出版社法规中心编. 北京：法律出版社，2025（2025.12 重印）. --（法律单行本注释本系列）. -- ISBN 978 -7 -5197 -9656 -3

Ⅰ. D922.182.5

中国国家版本馆 CIP 数据核字第 2024Z7M331 号

信访工作条例注释本
XINFANG GONGZUO TIAOLI ZHUSHIBEN

法律出版社法规中心 编

责任编辑 张红蕊
装帧设计 李 瞻

出版发行 法律出版社
编辑统筹 法规出版分社
责任校对 董 昱
责任印制 耿润瑜
经　　销 新华书店

开本 850 毫米×1168 毫米 1/32
印张 5.375　**字数** 152 千
版本 2025 年 3 月第 1 版
印次 2025 年 12 月第 2 次印刷
印刷 河北晔盛亚印刷有限公司

地址：北京市丰台区莲花池西里 7 号（100073）
网址：www.lawpress.com.cn
投稿邮箱：info@lawpress.com.cn
举报盗版邮箱：jbwq@lawpress.com.cn
销售电话：010 - 83938349
客服电话：010 - 83938350
咨询电话：010 - 63939796

书号：ISBN 978 - 7 - 5197 - 9656 - 3　**定价**：20.00 元

凡购买本社图书，如有印装错误，我社负责退换。电话：010 - 83938349

编辑出版说明

现代社会是法治社会，社会发展离不开法治护航，百姓福祉少不了法律保障。遇到问题依法解决，已经成为人们处理矛盾、解决纠纷的不二之选。然而，面对纷繁复杂的法律问题，如何精准、高效地找到法律依据，如何完整、准确地理解和运用法律，日益成为人们"学法、用法"的关键所在。

为了帮助读者快速准确地掌握"学法、用法"的本领，我社开创性地推出了"法律单行本注释本系列"丛书，至今已十余年。本丛书历经多次修订完善，现已出版近百个品种，涵盖了社会生活的重要领域，已经成为广大读者学习法律、应用法律之必选图书。

本丛书具有以下特点：

1. 出版机构权威。成立于1954年的法律出版社，是全国首家法律专业出版机构，始终秉承"为人民传播法律"的宗旨，完整记录了中国法治建设发展的全过程，享有"社会科学类全国一级出版社"等荣誉称号，入选"全国百佳图书出版单位"。

2. 编写人员专业。本丛书皆由相关法律领域内的专业人士编写，确保图书内容始终紧跟法治进程，反映最新立法动态，体现条文内涵。

3. 法律文本标准。作为专业的法律出版机构，多年来，我社始终使用全国人民代表大会常务委员会公报刊登的法律文本，积淀了丰富的标准法律文本资源，并根据立法进度及时更新相关内容。

4. 条文注解精准。本丛书以立法机关的解读为蓝本，给每个条文提炼出条文主旨，并对重点条文进行注释，使读者能精准掌握立法意图，轻松理解条文内容。

5. 配套附录实用。书末“附录”部分收录的均为重要的相关法律、法规和司法解释，有的分册还附有典型案例，使读者在使用中更为便捷，使全书更为实用。

需要说明的是，本丛书中“适用提要”“条文主旨”“条文注释”等内容皆是编者为方便读者阅读、理解而编写，不同于国家正式通过、颁布的法律文本，不具有法律效力。本丛书不足之处，恳请读者批评指正。

我们用心打磨本丛书，以期待为法律相关专业的学生释法解疑，致力于为每个公民的合法权益撑起法律的保护伞。

法律出版社法规中心

2025 年 2 月

目　录

《信访工作条例》适用提要 …………………………… 1

信访工作条例

第一章　总则…………………………………………… 7
　第一条　制定目的………………………………… 7
　第二条　适用范围………………………………… 9
　第三条　地位作用………………………………… 10
　第四条　指导思想………………………………… 13
　第五条　遵循原则………………………………… 14
　第六条　信访工作基本要求……………………… 15
第二章　信访工作体制………………………………… 16
　第七条　信访工作格局…………………………… 16
　第八条　党中央加强对信访工作的统一领导…………… 16
　第九条　地方党委领导本地区信访工作的职责………… 17
　第十条　各级政府在信访工作中的职责任务…………… 19
　第十一条　中央信访工作联席会议的职责及架构……… 19
　第十二条　中央信访工作联席会议运行机制…………… 21
　第十三条　地方各级信访工作联席会议的职责、架构和运行机制……………………………… 22
　第十四条　信访工作专门机构及其职责和其他机关、单位信访工作机构设置……………………… 24
　第十五条　各方力量在信访工作中的职责…………… 26

第十六条　信访工作保障…………………………………… 28
第三章　信访事项的提出和受理………………………………… 30
第十七条　信访人提出信访事项的形式……………………… 30
第十八条　各级机关、单位畅通信访渠道的要求 ………… 31
第十九条　信访人提出信访事项的要求……………………… 33
第二十条　采用走访形式提出信访事项的要求……………… 35
第二十一条　加强信访工作信息化、智能化建设 ………… 36
第二十二条　各级党委和政府信访部门收到信访事项的处理………………………………………… 37
第二十三条　其他机关、单位收到信访事项的处理 …… 39
第二十四条　管辖权争议和继承…………………………… 42
第二十五条　重大、紧急信访事项和信访信息报告制度………………………………………… 43
第二十六条　合法信访……………………………………… 44
第四章　信访事项的办理………………………………………… 45
第二十七条　“三到位一处理”要求 ……………………… 45
第二十八条　一般性要求…………………………………… 47
第二十九条　建议意见类信访事项的办理………………… 48
第三十条　检举控告类信访事项的办理…………………… 49
第三十一条　申诉求决类信访事项的办理………………… 51
第三十二条　信访处理意见书……………………………… 54
第三十三条　调解、和解 …………………………………… 55
第三十四条　办结期限及延期……………………………… 56
第三十五条　复查…………………………………………… 56
第三十六条　复核…………………………………………… 57
第三十七条　多元化解与救助……………………………… 58

第五章　监督和追责……………………………………… 60
第三十八条　信访工作督查…………………………… 60
第三十九条　信访工作考核…………………………… 62
第四十条　信访部门提出“三项建议”………………… 63
第四十一条　信访情况年度报告及信访工作与巡视巡察工作衔接…………………………… 64
第四十二条　责任追究………………………………… 66
第四十三条　信访部门登记、转送、交办、督办责任…… 67
第四十四条　负有受理信访事项职责的机关、单位的受理信访事项责任…………………………… 68
第四十五条　对信访事项有处理权的机关、单位办理信访事项的责任…………………………… 69
第四十六条　其他违法违纪责任……………………… 71
第四十七条　信访人扰乱信访工作秩序、诬告陷害等的法律责任…………………………… 73
第六章　附则……………………………………………… 75
第四十八条　参照执行………………………………… 75
第四十九条　解释权归属……………………………… 75
第五十条　施行日期…………………………………… 76

附录一　法律法规

中华人民共和国宪法(节录)(2018.3.11修正)…………… 77
中华人民共和国公职人员政务处分法(2020.6.20)………… 78
中国共产党纪律处分条例(2023.12.8修订)……………… 93
中国共产党问责条例(2019.8.25)……………………… 122
信访工作责任制实施办法(2016.10.8)………………… 128
党委组织部门信访工作暂行规定(2006.6.27)………… 131

附录二　典型案例

最高人民法院发布第一批涉执信访实质性化解典型案例
（2021.11.18）………………………………………… 137
最高人民法院发布第二批涉执信访实质性化解典型案例
（2021.12.21）………………………………………… 148

《信访工作条例》适用提要①

2022年2月25日，中共中央、国务院印发《信访工作条例》（以下简称《条例》），于2022年5月1日起施行。《条例》以习近平新时代中国特色社会主义思想为指导，深入贯彻习近平总书记关于加强和改进人民信访工作的重要思想，坚持和加强党对信访工作的全面领导，规范信访工作体制机制，优化信访事项处理程序，构建完善信访工作监督体系，实现了信访工作领域全覆盖，是新时代信访工作的基本遵循。

《条例》共6章50条，分为总则、信访工作体制、信访事项的提出和受理、信访事项的办理、监督和追责以及附则。要准确把握《条例》的核心要义和基本要求，学习贯彻《条例》和党中央、国务院关于信访工作的决策部署，深刻领悟“两个确立”的决定性意义，增强“四个意识”、坚定“四个自信”、做到“两个维护”。

一、加强党对信访工作的全面领导

中国共产党是中国特色社会主义事业的领导核心，坚持党的全面领导是做好信访工作的最高原则、最大优势，也是信访工作政治性的鲜明体现。《条例》总则部分，着重阐述了信访工作的地位

① 参见李文章：《开创新时代信访工作高质量发展新局面》，载国家信访局官网，https://www.gjxfj.gov.cn/2022-08/26/c_1310656232.htm。

作用、指导思想和主要原则。“三个重要”的定位,深刻揭示了信访工作的根本属性,阐明了信访工作承载的政治参与、权利保障、民主监督等重要功能;用党的创新理论成果指导信访工作实践,实现了信访工作指导思想的与时俱进;五项应当遵循的原则,阐明了信访工作的鲜明特色、价值追求、重要保障、基本方法和治本之策。这些规定为新时代信访工作明确了总纲领和总要求。《条例》以加强党的领导为统领,明确党中央从政治引领、工作遵循、组织保证等三个方面加强对信访工作的统一领导;要求地方党委领导本地区信访工作,贯彻落实党中央关于信访工作的方针政策和决策部署,执行上级党组织关于信访工作的部署要求。贯彻落实《条例》,必须把党的领导放在最重要、最突出、最关键的位置,充分发挥党总揽全局、协调各方的领导核心作用,把党的领导贯彻到信访工作全过程和各方面,确保信访工作始终沿着正确的政治方向前进。

二、积极构建完善新时代信访工作体制机制

信访工作是一项全局性、系统性的工作。《条例》要求“构建党委统一领导、政府组织落实、信访工作联席会议协调、信访部门推动、各方齐抓共管的信访工作格局”。党委统一领导是构建新时代信访工作体制和格局的根本保证;政府组织落实是牵头组织各方力量贯彻落实党委的部署要求;信访工作联席会议协调是加强党对信访工作领导的重要抓手;信访部门推动发挥着承上启下、协调左右、督促检查、推动落实的作用;各方齐抓共管是落实信访工作责任、形成化解矛盾合力的必然要求。五个方面有机联系,为加强和改进信访工作提供制度保障。《条例》首次对信访工作联席会议机制进行了规定,明确了中央信访工作联席会议在党中央、国务院领导下,负责全国信访工作的统筹协调、整体推进、督促落实,并对地方各级信访工作联席会议提出规范要求。贯彻落实《条例》,要把构建信访工作体制和工作格局作为做好新时代信访工作的重中之重,压实各方责任。地方各级党委切实履行好统一领导本地区信访工作的责任,增强领导信访工作的系统性、联动性、协同性。健全完善信访工作联席会议机制,研究重大事项,解决突出问题。坚持和发展新时代"枫桥经验",加强源头预防,夯实基层基础,把可能引发信访问题的矛盾纠纷化解在基层、化解在萌芽状态。

三、规范和优化信访事项处理程序

信访问题是社会矛盾的具体反映,涉及经济社会发展方方面面,成因错综复杂。解决信访问题需要多个部门参与、综合施策、协同发力。《条例》从坚持法治思维、严格依照法定权限和程序行使权力的角度,对各机关、单位处理信访事项作出全面规范,既明确了统一要求,又兼顾了不同机关、单位的特殊性。个人和组织向各机关、单位反映情况,提出建议、意见或者投诉请求后,各机关、单位受理办理时,要区分建议意见、检举控告、申诉求决等不同事项类别分类处理。《条例》对建议意见类事项、检举控告类事项分别作出专门规定,将申诉求决类事项区分为涉法涉诉事项办理程序、仲裁程序、党员申诉申请复审程序、行政程序、依法履职程序、兜底程序等六种情形,分别规定办理方式。对政法部门、纪检监察机关处理信访事项作出特殊规定,强调政法部门、纪检监察机关按照各自的法律法规规定程序进行告知和处理。同时,强调要坚持多元化解,综合运用法律、政策、经济、行政等手段和教育、协商、疏导等办法,多措并举化解矛盾纠纷。要求各职能部门按照诉求合理的解决问题到位、诉求无理的思想教育到位、生活困难的帮扶救助到位、行为违法的依法处理的要求,依法处理职责范围内的信访问题,保障群众合理合法诉求依照法律规定和程序就能得到合理合法结果。

四、构建完善信访工作监督体系

习近平总书记强调,有权必有责、有责必担当、失责必追究。

《条例》围绕谁来监督、怎么监督，追谁的责、怎么追责，构建起包括监督责任、监督机制、责任追究在内的监督体系。强调坚持落实信访工作责任，党政同责、一岗双责，属地管理、分级负责，谁主管、谁负责。在强化党委和政府监督方面，从党委和政府、信访工作联席会议和信访部门、党委和政府督查部门三个层面，对信访督查的主体、内容作出规定；要求党委和政府每年对信访工作情况进行考核，考核结果在适当范围内通报，并作为对领导班子和有关领导干部综合考核评价的重要参考。在强化信访部门督查方面，明确要求对信访部门提出的改进工作、完善政策、追究责任的建议，有关机关、单位应当书面反馈采纳情况。在强化对机关单位及其工作人员责任追究方面，分别规定了引发问题责任、登记转送交办责任、受理问题责任、处理问题责任和其他责任。在信访人违法行为处理方面，对信访人在信访过程中违反"六个不得"的行为明确了处理方式和依据，同时对信访人滋事扰序、缠访闹访以及捏造歪曲事实、诬告陷害他人的行为处理作出规定，强调"构成违反治安管理行为的，依法给予治安管理处罚；构成犯罪的，依法追究刑事责任"。贯彻落实《条例》，要压紧压实各方责任，督促履职担当尽责，坚决把党中央、国务院关于信访工作的方针政策和决策部署落到实处。

五、着力提高做好信访工作的能力

习近平总书记指出，要建设一支对党忠诚可靠、恪守为民之责、善做群众工作的高素质信访工作队伍。做好信访工作是领导干部的重要政治责任。面对信访工作新情况新挑战，提高领导干部做好信访工作的能力素质至关重要。《条例》明确各级领导干部在信访工作中应当担负的重要职责，总结和固化了领导干部阅办来信和网上信访、定期接访下访、包案化解突出问题等制度改革成果，有效提升信访工作科学化规范化制度化水平。《条例》对各级党委和政府信访部门作为"开展信访工作的专门机构"应履行的七项职责作出明确规定，要求各级党委和政府加强信访部门建设，打造高素质专业化信访干部队伍。贯彻落实《条例》，为着力提高领导干部的政治能力、调查研究和科学决策能力、群众工作能力、防范化解社会矛盾风险能力，指明了努力方向，提供了工作抓手。

信访工作条例

（2022年1月24日中共中央政治局会议审议批准
2022年2月25日中共中央、国务院发布　自2022年5月1日起施行）

第一章　总　　则

第一条　【制定目的】[1]为了坚持和加强党对信访工作的全面领导，做好新时代信访工作，保持党和政府同人民群众的密切联系，制定本条例。

条文注释[2]

本条是关于制定本条例目的的规定。

制定本条例的目的主要有以下三个方面。

（一）坚持和加强党对信访工作的全面领导

中国共产党领导是中国特色社会主义最本质的特征，是中国特色社会主义制度的最大优势。我国的信访制度是我们党领导建立的人民信访制度，其创立、发展以及不断走向完善的每一次探索、每一次进步，都是在党的领导下进行的。信访工作法治化是一个系统工程，涉及方方面面。只有坚持和加强党的全面领导，充分发挥党总揽全局、协调各方的领导核心作用，才能调动社会各方的力量，保证

①② 条文主旨、条文注释为编者所加，仅供参考。——编者注

党中央关于信访工作法治化的各项决策部署得到不折不扣的贯彻落实。因此,信访工作法治化必须把坚持和加强党的全面领导放在最重要、最突出、最关键的位置,只有坚持和加强党对信访工作的领导,才能为加强和改进新时代人民信访工作提供坚强保证。

(二)做好新时代信访工作

做好新时代信访工作需要从以下几个方面入手:

1. 坚持以人民为中心。坚持以人民为中心是信访工作的价值追求,也是信访工作人民性的鲜明体现。要牢固树立群众观点,充分发挥信访工作反映社情民意的重要窗口作用。要把群众满意作为制定政策、化解矛盾、衡量成效的根本标准,创新完善信访工作考核和群众评价工作机制,让群众满意成为改进工作的"指向标"。

2. 坚持维护群众合法权益。解决群众合理诉求、维护群众合法权益是信访工作的根本目的,也是信访制度设计的出发点和落脚点。要按照"三到位一处理"①工作要求,妥善解决群众的操心事、烦心事、揪心事。

3. 推进信访工作高质量发展。推进信访工作高质量发展要围绕全面建设社会主义现代化国家的总体布局以及维护国家安全和社会稳定的工作要求,聚焦信访突出问题,以信访工作的高质量发展为中国式现代化作出新的更大贡献。

(三)保持党和政府同人民群众的密切联系

党的十八大以来,以习近平同志为核心的党中央高度重视信访工作,把做好信访工作作为坚持群众路线、保持并密切群众联系的重要体现,提出明确要求。习近平总书记强调,要坚持把信访工作作为了解民情、集中民智、维护民利、凝聚民心的一项重要工作,千方百计为群众排忧解难。要切实依法及时就地解决群众合理诉求,注重源头预防,夯实基层基础,加强法治建设,健全化解机制,不断增强工作的前瞻性、系统性、针对性,真正把解决信访问题的过程作为践行

① "三到位一处理",是指诉求合理的解决到位、诉求无理的教育疏导到位、家庭困难的帮扶救助到位,行为违法的依法处理。

党的群众路线、做好群众工作的过程。① 将“保持党和政府同人民群众的密切联系”作为本条例的制定目的,就是要求信访工作要坚守初心、牢记使命,更加自觉地贯彻党的根本宗旨和群众路线,在保持党的政府同人民群众的密切联系中发挥更大的作用,团结凝聚广大人民群众为全面建设社会主义现代化强国努力奋斗。

关联法规

《关于创新群众工作方法解决信访突出问题的意见》;《关于新形势下党内政治生活的若干准则》

第二条 【适用范围】本条例适用于各级党的机关、人大机关、行政机关、政协机关、监察机关、审判机关、检察机关以及群团组织、国有企事业单位等开展信访工作。

条文注释

本条是关于本条例适用范围的规定。

根据本条规定,本条例的适用主体为各级党的机关、人大机关、行政机关、政协机关、监察机关、审判机关、检察机关以及群团组织、国有企事业单位,实现了整个信访工作领域的全覆盖。之所以如此规定,是出于如下考虑:

(一)坚持和加强党对信访工作全面领导的必然要求

本条例作为对党的信访工作作出全面规定的法规,在适用范围上覆盖信访工作所有主体,既是信访工作领域坚决做到“两个维护”的必然要求,也是保证党在各级机关、单位信访工作中发挥领导作用的必然要求,确保党在信访工作中总揽全局、协调各方。

(二)适应信访工作主体多元的现实需要

信访工作是所有公权力部门和组织的工作,是各级党的机关、国家机关以及群团组织、国有企事业单位都要做好的工作,而不是

① 《习近平对信访工作作出重要指示强调:千方百计为群众排忧解难 不断开创信访工作新局面》,载中央人民政府网,https://www.gov.cn/xinwen/2017-07/19/content_5211804.htm。

特定部门的专门工作。有必要将各级机关、单位均纳入本条例的适用范围，使这些机关、单位的信访工作均受到本条例的效力约束，遵守本条例的规定。

（三）统一信访工作基本遵循的重要保证

信访工作具有规范性、稳定性、公开性和程序性等特点。虽然党的机关、人大机关、行政机关、政协机关等的工作职责不同，接收、受理、处理信访事项的内容和具体程序也有区别，但信访工作的领导体制、工作格局以及开展信访工作的基本原则、机制方法应该有统一的遵循。只有这样，才能打破各工作主体之间的壁垒，更好地规范信访工作行为、保障人民群众信访权利，使信访制度的功能作用得到更加充分的发挥。

第三条 【地位作用】信访工作是党的群众工作的重要组成部分，是党和政府了解民情、集中民智、维护民利、凝聚民心的一项重要工作，是各级机关、单位及其领导干部、工作人员接受群众监督、改进工作作风的重要途径。

条文注释

本条是关于本条例地位作用的规定。

（一）信访工作是党的群众工作的重要组成部分

1. 信访工作是党的群众工作，政治性是其根本属性。信访工作作为党的群众工作的重要组成部分，要把政治性摆在首要位置，把有效实现党的领导作用和党在新时代的奋斗目标作为根本任务。既把群众呼声倾听好、把实际问题解决好，又把不满情绪疏导好、把党的方针政策宣传好，引导群众正确理解政策规定，把党的主张变成自觉行动，在党的领导下，向着共同目标前进。

2. 信访工作的对象是人民群众，群众工作方法是其根本方法。群众工作方法，是指正确运用党的“一切为了群众，一切依靠群众，从群众中来，到群众中去，把党的正确主张变为群众的自觉行动”的群众路线，坚持教育群众和服务群众相统一，等等。作为党的群众工作的重要部分，信访工作的对象是人民群众，内容是正确处理人民内部矛盾,目标是密切党群干群关系、把群众紧密地团结在党的周围,只有把群众工作方法贯穿工作各方面和全过程,才能取得应有的效果。

3. 信访工作是联系群众最直接的方式,在群众工作中具有独特优势。在2022年春季学期中央党校(国家行政学院)中青年干部培训班开班式上,习近平总书记强调,信访是送上门来的群众工作,要通过信访渠道摸清群众愿望和诉求,找到工作差距和不足,举一反三,加以改进,更好为群众服务。人民立场是信访工作的根本立场,人民至上是信访工作的价值追求,群众工作属性是信访工作的根本属性。因此,信访部门要把心贴近人民,把人民放在心中最高位置,把群众来信当家书,把来访群众当家人,把群众事情当家事,全力以赴解决好群众的急难愁盼问题。

(二)信访工作是党和政府了解民情、集中民智、维护民利、凝聚民心的一项重要工作

1. 了解民情。信访工作落实"了解民情"的要求,一方面,要建立畅通的群众诉求表达机制,为群众通过法定方式提出信访事项提供便利,确保民情、民意能够顺畅上达;另一方面,要建立高效的信访信息汇集报送机制,通过对群众信访诉求进行汇集、梳理和分析,及时发现和反映群众关心的热点难点问题,真实反映社情民意,为党委和政府科学决策、完善政策、改进工作提供参考。

2. 集中民智。信访工作承载着保障人民群众行使民主权利、有效参与国家和社会治理的功能。人民群众通过信访渠道反映他们的诉求、问题和建议,党委和政府通过信访工作倾听群众的呼声和愿望,把群众的智慧和力量转化为执政资源。因此,信访工作充分发挥"集中民智"的作用既是坚持人民主体地位的生动体现,也是提升社会治理水平、打造共治共享社会治理格局的重要方式。

3. 维护民利。习近平总书记指出:"检验我们一切工作的成效,最终都要看人民是否真正得到了实惠,人民生活是否真正得到了改

善,人民权益是否真正得到了保障。”①信访制度承担着解决群众诉求、维护群众合法权益的重要功能。认真对待群众的合理诉求,解决群众最关心、最直接、最现实的利益问题,既是以人民为中心发展思想的生动体现,也是正确处理人民内部矛盾、为经济社会发展和人民安居乐业创造良好环境的必然要求。

4. 凝聚民心。信访工作充分发挥凝聚民心的作用,需要从以下三个方面入手:一是通过信访渠道问政于民、问需于民、问计于民。认真办理建议意见类事项,在作决策、定政策时真诚倾听群众呼声、广泛征求群众意见,提出既顺应时代潮流,又充分反映民意的正确主张。二是通过信访工作正确处理人民内部矛盾。坚持情理法相结合、解决问题与疏导教育相结合,为党和国家事业发展凝聚民心。三是从群众信访中查找工作短板、检验政策效果。及时发现党中央、国务院各项决策部署特别是民生政策落实中的薄弱环节存在的相关问题,不断推进科学民主决策和政策的完善落实,让改革的成果、措施更好地惠及人民群众,使群众成为最大的受益者。

(三)信访工作是各级机关、单位及其领导干部、工作人员接受群众监督、改进工作作风的重要途径

信访工作既是党和政府丰富民主形式、拓宽民主渠道、接受民主监督、健全民主制度的重要载体,也是党和国家监督体系的重要组成部分。与其他监督形式相比,群众信访监督具有自下而上、最直接、最广泛的鲜明特征,能够为及时发现问题、改进工作、转变作风提供依据。新时代新征程上,必须坚持人民主体地位,把群众信访监督与其他各类监督有机贯通、相互协调,充分体现人民意志、保障人民权益、激发人民创造活力,主动接受人民监督,共同推动全过程人民民主取得更大成效。

关联法规

《中国共产党章程》第 36 条第 5 项;《宪法》②第 27 条第 2 款

---

① 习近平:《习近平谈治国理政》,外文出版社 2014 年版,第 28 页。

② 为方便读者阅读,本书中的法律法规名称均省略“中华人民共和国”字样。

第四条 【指导思想】信访工作坚持以马克思列宁主义、毛泽东思想、邓小平理论、“三个代表”重要思想、科学发展观、习近平新时代中国特色社会主义思想为指导，贯彻落实习近平总书记关于加强和改进人民信访工作的重要思想，增强“四个意识”、坚定“四个自信”、做到“两个维护”，牢记为民解难、为党分忧的政治责任，坚守人民情怀，坚持底线思维、法治思维，服务党和国家工作大局，维护群众合法权益，化解信访突出问题，促进社会和谐稳定。

条文注释

本条是关于信访工作指导思想的规定，明确了新时代信访工作的职责使命。

1. 高举思想旗帜。信访工作是党的群众工作的重要组成部分，是党和政府的一项重要工作，必须以党的旗帜为旗帜、以党的方向为方向、以党的意志为意志。

2. 牢记政治责任。党的十九大报告指出，党的政治建设是党的根本性建设；保证全党服从中央，坚持党中央权威和集中统一领导，是党的政治建设的首要任务。本条例规定“增强‘四个意识’、坚定‘四个自信’、做到‘两个维护’，牢记为民解难、为党分忧的政治责任”，是信访工作领域深入推进党的政治建设，做到对党忠诚、为党分忧、为党担责、为党尽责的根本要求。

3. 坚持价值追求。党的根基在人民、血脉在人民、力量在人民，全心全意为人民服务是党的根本宗旨。坚持人民至上是党百年奋斗积累的宝贵历史经验之一。本条例规定“坚守人民情怀”，是党坚持人民至上的价值追求在信访工作领域的具体体现。

4. 坚持科学理论思维。我们党面对着十分复杂的国内外环境，肩负着繁重的执政使命，如果缺乏科学理论思维的有力支撑，是难以战胜各种风险和困难的，也是难以不断前进的。做好信访工作，必须不断提高运用科学理论思维分析形势、解决问题、化解矛盾、抵御风险的能力和水平。本条例规定"坚持底线思维、法治思维",是着眼信访工作面临的形势和重点任务,作出的具体要求。

5.牢记政治责任。本条例规定信访工作"服务党和国家工作大局,维护群众合法权益,化解信访突出问题,促进社会和谐稳定"四项职责使命,明确了信访工作的核心职责、根本宗旨、前提基础和目标要求。

第五条　【遵循原则】信访工作应当遵循下列原则:

(一)坚持党的全面领导。把党的领导贯彻到信访工作各方面和全过程,确保正确政治方向。

(二)坚持以人民为中心。践行党的群众路线,倾听群众呼声,关心群众疾苦,千方百计为群众排忧解难。

(三)坚持落实信访工作责任。党政同责、一岗双责,属地管理、分级负责,谁主管、谁负责。

(四)坚持依法按政策解决问题。将信访纳入法治化轨道,依法维护群众权益、规范信访秩序。

(五)坚持源头治理化解矛盾。多措并举、综合施策,着力点放在源头预防和前端化解,把可能引发信访问题的矛盾纠纷化解在基层、化解在萌芽状态。

条文注释

本条是关于组织开展信访工作应当遵循的主要原则的规定。

1.坚持党的全面领导。信访工作的地位作用、指导思想是由党的性质、宗旨和政治任务决定的。离开党的领导,信访工作不可能取得应有的效果。明确这一原则,是坚决维护以习近平同志为核心的党中央权威和集中统一领导在信访工作领域的具体落实,是信访工作政治性的鲜明体现,是确保信访工作正确政治方向的必然要求。

2.坚持以人民为中心。人民立场是我们党的根本政治立场,坚持以人民为中心是新时代坚持和发展中国特色社会主义的基本方略之一。信访工作作为党和政府密切联系群众的重要渠道,必须把坚持以人民为中心作为价值追求和贯穿工作全过程的生命线。明确这一原则,是信访工作人民性的鲜明体现。

3. 坚持落实信访工作责任。在任何工作中,责任都是必不可少的硬性约束,信访工作同样如此。如果缺乏严格的信访工作责任落实制度,绝不可能做好信访工作。明确这一原则,是做好信访工作的关键环节,是确保党中央关于信访工作决策部署落实落地的重要保障。

4. 坚持依法按政策解决问题。信访工作是党的群众工作的重要组成部分,是联系群众、深入群众、服务群众、引导群众的经常性工作,依法按政策解决问题,既是落实解决问题用法、化解矛盾靠法的基本要求,也是对群众开展法治宣传教育的需求。明确这一原则,是信访工作更好维护群众合法权益、维护社会公平正义、促进社会和谐稳定的重要保证。

5. 坚持源头治理化解矛盾。党的十九大强调,“加强预防和化解社会矛盾机制建设,正确处理人民内部矛盾”。明确这一原则,对信访矛盾做到抓早、抓小、抓初、抓苗头,是做好信访工作的治本之策,对于实现信访工作良性发展、信访形势持续向好具有重要意义。

关联法规

《信访工作责任制实施办法》

第六条 【信访工作基本要求】各级机关、单位应当畅通信访渠道,做好信访工作,认真处理信访事项,倾听人民群众建议、意见和要求,接受人民群众监督,为人民群众服务。

条文注释

本条是关于组织开展信访工作要求的规定。

本条规定是组织开展信访工作的要求。其中,“畅通信访渠道”是前提,“做好信访工作”是重心,“认真处理信访事项”是基础,“接受人民群众监督,为人民群众服务”是信访工作的重要内容。本条规定既是《中国共产党章程》对党的干部、宪法对国家机关和国家工作人员相关要求的具体落实,也是对各级机关、单位开展信访工作的一贯要求。

关联法规

《宪法》第27条第2款

第二章　信访工作体制

第七条　【信访工作格局】坚持和加强党对信访工作的全面领导，构建党委统一领导、政府组织落实、信访工作联席会议协调、信访部门推动、各方齐抓共管的信访工作格局。

条文注释

本条是关于新时代信访工作格局的规定。

本条对新时代信访工作体制和格局作出了新的界定，即党委统一领导、政府组织落实、信访工作联席会议协调、信访部门推动、各方齐抓共管。其中，党委统一领导处于核心地位，是构建新时代信访工作体制和格局的根本保证；政府组织落实主要是牵头组织各方力量贯彻落实关于信访工作的部署要求；信访工作联席会议协调是加强党对信访工作领导的重要抓手；信访部门推动处于承上启下、协调左右、督促检查、推动落实的地位；各方齐抓共管主要是落实信访工作责任，形成化解矛盾合力。

第八条　【党中央加强对信访工作的统一领导】党中央加强对信访工作的统一领导：

（一）强化政治引领，确立信访工作的政治方向和政治原则，严明政治纪律和政治规矩；

（二）制定信访工作方针政策，研究部署信访工作中事关党和国家工作大局、社会和谐稳定、群众权益保障的重大改革措施；

（三）领导建设一支对党忠诚可靠、恪守为民之责、善做群众工作的高素质专业化信访工作队伍，为信访工作提供组织保证。

条文注释

本条是关于党中央加强对信访工作统一领导的规定。

1. 强化政治引领。强化政治引领主要是发挥党中央集中统一领导的政治优势，确立信访工作的政治方向和政治原则，严明政治纪律和政治规矩，引领新时代信访工作始终沿着正确政治方向前进。

2. 制定工作遵循。制定工作遵循主要是充分发挥党中央的领导核心和政治核心作用，通过制定信访工作方针政策，研究部署信访工作中事关党和国家工作大局社会和谐稳定、群众权益保障的重大改革措施，为推进新时代信访工作高质量发展提供工作遵循。

3. 提供组织保证。提供组织保证主要是党中央发挥党管干部的政治优势，领导建设一支对党忠诚可靠、恪守为民之责、善做群众工作的高素质专业化信访工作队伍，为做好新时代信访工作提供组织保证。

第九条 【地方党委领导本地区信访工作的职责】地方党委领导本地区信访工作，贯彻落实党中央关于信访工作的方针政策和决策部署，执行上级党组织关于信访工作的部署要求，统筹信访工作责任体系构建，支持和督促下级党组织做好信访工作。

地方党委常委会应当定期听取信访工作汇报，分析形势，部署任务，研究重大事项，解决突出问题。

条文注释

本条是关于地方党委的信访工作职责的规定。

（一）贯彻落实党中央关于信访工作的方针政策和决策部署，执行上级党组织关于信访工作的部署要求

信访工作是党和政府的一项重要工作，党中央关于信访工作的

方针政策和决策部署是做好信访工作的根本遵循，上级党组织关于信访工作的部署要求是贯彻落实党中央方针政策和决策部署的具体举措，地方党委必须认真贯彻落实和执行。

（二）统筹信访工作责任体系构建，支持和督促下级党组织做好信访工作

1. 统筹信访工作责任体系构建。信访制度具有较强的系统性、协调性，做好信访工作不只是信访部门的责任，更需要加强部门与部门之间、部门与地方之间、地方与地方之间的沟通与联系，搞好配合与协作，形成各部门各负其责、齐抓共管的合力。只有充分发挥地方党委统筹作用，建立起责任明晰、权责一致的信访工作责任体系，才能调动社会各方的力量，统一思想、统一行动，形成重责任、抓落实的良好氛围，进而有效促进信访工作决策部署的贯彻落实，提高解决信访问题的质量和效率。

2. 支持和督促下级党组织做好信访工作。《中国共产党地方委员会工作条例》第 16 条第 1 款规定，“党的地方委员会应当支持和保证下级党组织依法依规正常履职”。支持和督促下级党组织做好信访工作，是地方党委应尽的职责。根据本条例的规定，地方各级党委应当支持下级党组织及时回应群众关切，排查化解矛盾纠纷，协调处理化解信访问题，创新方式方法开创信访工作新局面；督促下级党组织构建信访工作格局，完善各项规章制度，落实信访工作责任，研究解决信访工作中的突出问题。

（三）地方党委常委会研究部署信访工作制度

建立地方党委常委会研究部署信访工作制度，是推动地方党委提升依法依规履职能力、促进信访工作顺利开展的重要保证。要构建地方党委常委会定期听取信访工作汇报的工作制度，切实保障地方党委担负起领导本地区信访工作的职责。

关联法规

《中国共产党地方委员会工作条例》第 3 条、第 16 条第 1 款；《中国共产党章程》第 10 条

第十条　【各级政府在信访工作中的职责任务】各级政府贯彻落实上级党委和政府以及本级党委关于信访工作的部署要求,科学民主决策、依法履行职责,组织各方力量加强矛盾纠纷排查化解,及时妥善处理信访事项,研究解决政策性、群体性信访突出问题和疑难复杂信访问题。

条文注释

本条是关于各级政府在信访工作中的职责任务的规定。

本条强调了各级政府的组织落实责任,主要包括以下三个方面:一是强调各级政府贯彻落实上级党委和政府以及本级党委关于信访工作的部署要求;二是强调各级政府科学民主决策、依法履行职责,从源头上预防和减少矛盾纠纷产生;三是强调各级政府应当统筹组织各方力量,及时妥善化解信访矛盾,特别是要研究解决政策性、群体性信访突出问题和疑难复杂信访问题。

第十一条　【中央信访工作联席会议的职责及架构】中央信访工作联席会议在党中央、国务院领导下,负责全国信访工作的统筹协调、整体推进、督促落实,履行下列职责:

(一)研究分析全国信访形势,为中央决策提供参考;

(二)督促落实党中央关于信访工作的方针政策和决策部署;

(三)研究信访制度改革和信访法治化建设重大问题和事项;

(四)研究部署重点工作任务,协调指导解决具有普遍性的信访突出问题;

(五)领导组织信访工作责任制落实、督导考核等工作;

(六)指导地方各级信访工作联席会议工作;

(七)承担党中央、国务院交办的其他事项。

中央信访工作联席会议由党中央、国务院领导同志以及有关部门负责同志担任召集人，各成员单位负责同志参加。中央信访工作联席会议办公室设在国家信访局，承担联席会议的日常工作，督促检查联席会议议定事项的落实。

条文注释

本条是关于中央信访工作联席会议的职责及架构的规定。

（一）中央信访工作联席会议的职责

1. 研究分析全国信访形势，为中央决策提供参考。为中央决策提供参考，是本条例赋予中央信访工作联席会议的重要职责。这既是确保信访信息渠道畅通、当好参谋助手的根本要求，也是科学研判信访形势、有效化解信访矛盾、切实推动信访工作高质量发展的重要基础。

2. 督促落实党中央关于信访工作的方针政策和决策部署。中央信访工作联席会议负有督促落实党中央关于信访工作的方针政策和决策部署的职责。督促落实的方法主要有督促检查、会议调度和下发文件等。

3. 研究信访制度改革和信访法治化建设重大问题和事项。研究信访制度改革和信访法治化建设重大问题和事项应当把握突出政治凝聚功能、彰显法治化思维和方式、凸显社会治理的现代化特征、融入中国特色社会主义文化建设四项原则。

4. 研究部署重点工作任务，协调指导解决具有普遍性的信访突出问题。研究部署重点工作任务，主要是按照信访工作的目标任务，结合工作实际，作出安排部署，并确保部署得到贯彻落实。协调指导解决具有普遍性的信访突出问题，需要从体制机制上找原因和对策，研究制定具有针对性、可操作性的措施，督促有权处理的机关、单位落实责任，切实维护信访群众的合法权益。

5. 领导组织信访工作责任制落实、督导考核等工作。主要是督促落实党中央关于信访工作责任制的决策部署，具体要做好夯实责任主体责任、落实督导检查、强化考评追责三个方面的工作。

6. 指导地方各级信访工作联席会议工作。指导地方各级信访工作联席会议工作,是中央信访工作联席会议的重要职责,是党中央、国务院从全局高度对联席会议提出的要求。

7. 承担党中央、国务院交办的其他事项。该项职责为兜底条款,中央信访工作联席会议在党中央、国务院领导下开展工作,在统筹协调、整体推进、督促落实全国信访工作的过程中,承担党中央、国务院交办的以上六项职责以外的其他工作任务。

(二)中央信访工作联席会议的架构

1. 中央信访工作联席会议组成人员。一是中央信访工作联席会议召集人。明确由党中央、国务院领导同志以及有关部门负责同志担任。二是中央信访工作联席会议成员。明确中央信访工作联席会议成员由各成员单位负责同志组成。

2. 中央信访工作联席会议办公室。一是明确中央信访工作联席会议办公室设在国家信访局。办公室根据中央信访工作联席会议的授权开展工作。二是中央信访工作联席会议办公室承担联席会议的日常工作。三是中央信访工作联席会议办公室督促检查联席会议议定事项的落实。

关联法规

《关于创新群众工作方法解决信访突出问题的意见》

第十二条 【中央信访工作联席会议运行机制】中央信访工作联席会议根据工作需要召开全体会议或者工作会议。研究涉及信访工作改革发展的重大问题和重要信访事项的处理意见,应当及时向党中央、国务院请示报告。

中央信访工作联席会议各成员单位应当落实联席会议确定的工作任务和议定事项,及时报送落实情况;及时将本领域重大敏感信访问题提请联席会议研究。

条文注释

本条是关于中央信访工作联席会议运行机制的规定。

1. 会议制度。一是中央信访工作联席会议全体会议。中央信访工作联席会议实行集体讨论重大问题制度，主要分析研判信访形势，研究部署重点工作任务。二是中央信访工作联席会议工作会议。中央信访工作联席会议根据工作需要，不定期召开工作会议，专题研究部署相关工作。

2. 请示报告制度。请示报告制度是党领导信访工作的重要制度。本条例对中央信访工作联席会议请示报告制度作出特别规定，明确研究涉及"信访工作改革发展的重大问题"和"重要信访事项的处理意见"，应当及时向党中央、国务院请示报告。

3. 成员单位。一是关于成员单位的规定。中央信访工作联席会议成员单位一般是信访工作任务较重或者与群众生产生活关系密切的部门、单位。二是落实联席会议确定的工作任务和议定事项。中央信访工作联席会议实行集体讨论重大问题制度，根据工作需要研究部署工作任务，印发各单位执行。各成员单位负责落实联席会议确定的工作任务和议定事项，及时报送落实情况。三是及时将本领域重大敏感信访问题提请联席会议研究。中央信访工作联席会议各成员单位应做好本单位本系统本领域的信访工作，从源头上预防和减少信访问题发生。针对本单位本系统本领域的重大敏感信访问题，需要协调各个部门或地方共同解决的，及时提请联席会议研究。

第十三条 【地方各级信访工作联席会议的职责、架构和运行机制】地方各级信访工作联席会议在本级党委和政府领导下，负责本地区信访工作的统筹协调、整体推进、督促落实，协调处理发生在本地区的重要信访问题，指导下级信访工作联席会议工作。联席会议召集人一般由党委和政府负责同志担任。

地方党委和政府应当根据信访工作形势任务，及时调整成员单位，健全规章制度，建立健全信访信息分析研判、重大信访问题协调处理、联合督查等工作机制,提升联席会议工作的科学化、制度化、规范化水平。

根据工作需要,乡镇党委和政府、街道党工委和办事处可以建立信访工作联席会议机制,或者明确党政联席会定期研究本地区信访工作,协调处理发生在本地区的重要信访问题。

条文注释

本条是关于地方各级信访工作联席会议的职责、架构和运行机制的规定,明确了地方党委和政府在领导联席会议开展工作中的责任。

(一)地方信访工作联席会议职责

1. 地方信访工作联席会议的职责。地方信访工作联席会议主要负责本地区信访工作的统筹协调、整体推进、督促落实,协调处理发生在本地区的重要信访问题,指导下级信访工作联席会议工作。

2. 地方信访工作联席会议召集人。本条例明确地方信访工作联席会议召集人一般由党委和政府负责同志担任。

(二)地方信访工作联席会议运行保障

地方信访工作联席会议运行保障的责任主体是"地方党委和政府",其主要职责和任务包括及时调整成员单位,健全规章制度,建立健全信访信息分析研判、重大信访问题协调处理、联合督查等工作机制,提升联席会议工作的科学化、制度化、规范化水平。

(三)乡镇(街道)建立信访工作联席会议机制

乡镇(街道)信访工作联席会议,是在乡镇党委和政府(街道党工委和办事处)领导下,负责本乡镇(街道)信访工作的议事协调机制。联席会议主要由召集人、办公室、成员单位、专项工作小组组成,召集人一般由党委和政府主要负责同志担任。乡镇(街道)建立信访工作联席会议机制主要有以下几个方面的原因:一是统筹资源和力量;二是弥补各种短板和不足;三是规范信访业务。

第十四条 【信访工作专门机构及其职责和其他机关、单位信访工作机构设置】各级党委和政府信访部门是开展信访工作的专门机构,履行下列职责:

(一)受理、转送、交办信访事项;

(二)协调解决重要信访问题;

(三)督促检查重要信访事项的处理和落实;

(四)综合反映信访信息,分析研判信访形势,为党委和政府提供决策参考;

(五)指导本级其他机关、单位和下级的信访工作;

(六)提出改进工作、完善政策和追究责任的建议;

(七)承担本级党委和政府交办的其他事项。

各级党委和政府信访部门以外的其他机关、单位应当根据信访工作形势任务,明确负责信访工作的机构或者人员,参照党委和政府信访部门职责,明确相应的职责。

条文注释

本条是关于信访工作专门机构及其职责和其他机关、单位信访工作机构设置的规定。

(一)信访部门在信访工作中的职责

各级党委和政府信访部门是开展信访工作的专门机构,其职责包括以下几个方面:

1. 受理、转送、交办信访事项。信访部门负责接收群众的来信、来访、来电、网上信访等形式的信访事项,并根据信访事项的性质、内容和属地管理原则,将其转送给有权处理的行政机关或相关部门。同时,信访部门还可以直接交办一些重要的信访事项,确保问题得到及时妥善的处理。

2. 协调解决重要信访问题。对于涉及多个部门、地区或重大疑难复杂的信访问题,信访部门可以发挥协调作用,组织相关部门和单位进行会商研判,共同研究解决方案。通过协调各方力量,形成工作合力,推动信访问题的妥善解决。

3. 督促检查重要信访事项的处理和落实。信访部门对转送、交办的信访事项负有督促检查的责任。他们可以通过电话督办、发函督办、实地督查等方式,及时了解信访事项的处理进展情况,推动责任单位加快办理速度,确保信访事项得到及时有效的处理。同时,对于处理不当或未按时限要求办结的信访事项,信访部门还可以提出改进建议或进行问责。

4. 综合反映信访信息,分析研判信访形势,为党委和政府提供决策参考。信访部门通过对接收的信访信息进行整理和分析,可以及时发现群众反映的热点、难点问题和苗头性、倾向性问题。他们可以通过编写信访信息专报、分析报告等形式,向党委和政府反映信访动态和社情民意,为领导科学民主决策提供参考依据。

5. 指导本级其他机关、单位和下级的信访工作。信访部门作为信访工作的专门机构,还承担着指导本级其他机关、单位和下级信访工作的职责。他们可以通过制定工作规范、开展业务培训、进行经验交流等方式,提高各级各部门信访工作的能力和水平,推动整个信访工作体系的规范化、制度化建设。

6. 提出改进工作、完善政策和追究责任的建议。在信访工作中,信访部门还可以根据群众反映的问题和实际情况,向相关部门提出改进工作、完善政策的建议。同时,对于因工作失职或违法违规行为导致信访问题产生的责任单位和人员,信访部门还可以提出追究责任的建议,推动问题的根本解决和制度的完善。

7. 承担本级党委和政府交办的其他事项。本项职责为兜底条款,即各级党委和政府信访部门在履行以上六项职责以外,还承担本级党委和政府交办的其他事项。

(二)其他机关、单位信访工作机构设置

其他机关、单位根据信访工作形势任务,深入推进信访工作机构建设,关键要做到以下两个方面:

1. 坚持有利信访、方便信访人的原则。这既是设置信访工作机构的原则,也是设置信访工作机构的目的。信访工作机构的设置、人员和职责都要以有利工作、方便信访人为前提。

2. 构建优化、精干、协同、高效的制度体系。这不仅是指导各级党委和政府信访部门以外的其他机关、单位加强信访工作机构建设的要求，也是不断优化其信访工作的着力点。

第十五条 【各方力量在信访工作中的职责】各级党委和政府以外的其他机关、单位应当做好各自职责范围内的信访工作，按照规定及时受理办理信访事项，预防和化解政策性、群体性信访问题，加强对下级机关、单位信访工作的指导。

各级机关、单位应当拓宽社会力量参与信访工作的制度化渠道，发挥群团组织、社会组织和“两代表一委员”、社会工作者等作用，反映群众意见和要求，引导群众依法理性反映诉求、维护权益，推动矛盾纠纷及时有效化解。

乡镇党委和政府、街道党工委和办事处以及村（社区）“两委”应当全面发挥职能作用，坚持和发展新时代“枫桥经验”，积极协调处理化解发生在当地的信访事项和矛盾纠纷，努力做到小事不出村、大事不出镇、矛盾不上交。

条文注释

本条是关于明确各方力量在信访工作中的职责的规定。

（一）明确其他机关、单位的信访工作职责

这里的“其他机关、单位”，是指除党委、政府、党委和政府信访部门以外的各级机关、单位。也就是说，这里的“其他机关、单位”包括党委工作机关和政府工作部门，不包括党委和政府信访部门。其他机关、单位的信访工作职责主要包括以下几个方面：

1. 做好各自职责范围内的信访工作。其他机关、单位在各自职责范围内的信访工作是贯彻落实“谁主管、谁负责”原则的具体化。按照职权法定、权责一致的原则，“其他机关、单位”的信访工作职责主要包括预防信访问题发生、处理信访问题、报告重大紧急信访事项和信访信息三个方面。

2. 按照规定及时受理办理信访事项。按照“谁主管、谁负责”的原则，“其他机关、单位”对于属于本机关、单位法定职责范围内的信访事项，应当及时受理办理，不得推诿、敷衍、拖延，否则将承担相应的责任。

3. 预防和化解政策性、群体性信访问题。预防和化解政策性、群体性信访问题，既强调及时治标，又强调从源头上治本。坚持标本兼治，预防和化解相结合，是“其他机关、单位”做好各自职责范围内信访工作的基本要求。

4. 加强对下级机关、单位信访工作的指导。加强对下级机关、单位信访工作的指导，是各级党委和政府以外的其他机关、单位做好信访工作的重要职责。既要坚持突出重点，分类指导，切实增强信访工作的针对性和实效性；又要坚持典型推进，以点带面，整体推动各机关、单位信访工作深入开展。在工作实践中，应当指导下级机关和单位重点做好建立健全信访工作制度、压实各责任主体责任、突出源头治理化解矛盾三个方面的工作。

（二）拓宽社会力量参与信访工作的制度化渠道

这里的“社会力量”，主要包括群团组织、社会组织、“两代表一委员”（党代会代表、人大代表和政协委员）、社会工作者、法律援助机构、相关专业人员和社会志愿者。社会力量作为中立的第三方，公信度高，在分析解决问题方面更具有客观性，在防止矛盾激化方面更具缓冲性，参与信访问题化解具有独特优势。拓宽社会力量参与信访工作的制度化渠道，引入第三方力量反映群众意见和要求，引导群众依法理性反映诉求、维护权益，推动矛盾纠纷及时有效化解，集中体现在信访事项的提出和受理、办理环节，尤其本条例中关于调解和解、多元化解的规定，特别需要社会力量广泛深入地参与。

（三）发挥乡镇、街道和村（社区）职能作用

实践中，大量信访事项和矛盾纠纷发生在乡村两级，乡镇、街道和村（社区）工作做好了，信访工作的能力提高了，就能有效预防和减少不和谐、不稳定因素，实现小事不出村、大事不出镇、矛盾不上交。乡镇党委和政府、街道党工委和办事处以及村（社区）“两委”要

立足本地实际，不断加强党对信访工作的领导，积极探索加强和改进新时代基层人民信访工作的新途径、新办法；要充分发挥引领发展、凝聚人心、维护稳定的职能作用，推动关口前移、重心下移，把可能引发信访问题的矛盾纠纷化解在基层和萌芽状态。

第十六条 【信访工作保障】各级党委和政府应当加强信访部门建设，选优配强领导班子，配备与形势任务相适应的工作力量，建立健全信访督查专员制度，打造高素质专业化信访干部队伍。各级党委和政府信访部门主要负责同志应当由本级党委或者政府副秘书长〔办公厅(室)副主任〕兼任。

各级党校(行政学院)应当将信访工作作为党性教育内容纳入教学培训，加强干部教育培训。

各级机关、单位应当建立健全年轻干部和新录用干部到信访工作岗位锻炼制度。

各级党委和政府应当为信访工作提供必要的支持和保障，所需经费列入本级预算。

条文注释

本条是关于信访工作保障措施的规定。

(一)加强信访干部队伍建设

本条第1款规定的责任主体是“各级党委和政府”，既对加强信访干部队伍建设提出了要求，也对提升信访干部素质提出了要求。

1. 选优配强领导班子。注重选拔政治素质高、业务能力强、作风过硬、政策法律水平高、善于做群众工作的干部到信访部门任职，进一步优化信访部门领导班子的阅历结构、年龄结构和知识结构，增强领导班子的整体素质。

2. 配备与形势任务相适应的工作力量。注重从基层一线和综合部门选拔优秀中青年干部到信访部门工作，选调熟悉经济、政治、社会、法律等专业知识的人才充实到信访干部队伍，不断提高信访干部队伍整体素质。

3. 建立健全信访督查专员制度。信访督查专员，是专职负责信访督查督办工作的领导职务人员。设立信访督查专员制度，是确保各级党委和关于信访工作的决策部署得到贯彻落实的需要，是引领信访督查工作整体水平提升的重要举措，是发挥信访督查工作职能作用的重要制度设计。

4. 打造高素质专业化信访干部队伍。高素质主要包括政治坚定、纪律严明、作风优良等。专业化主要包括拥有信访工作相关知识储备、拥有信访工作技能、拥有心理咨询技能等。

5. 各级党委和政府信访部门主要负责同志应当由本级党委或者政府副秘书长〔办公厅(室)副主任〕兼任。信访部门主要负责同志由本级党委或者政府副秘书长〔办公厅(室)副主任〕兼任，有利于协调有关部门推动开展信访工作，有利于协调有权处理的机关、单位化解信访矛盾，能够更好地推动整体工作开展。

(二)加强干部教育培训

将信访工作作为党性教育内容纳入教育培训，是由信访工作的性质、职责和任务决定的。第一，信访工作是党的群众工作的重要组成部分，是党性和人民性在工作实践中的高度统一，充分体现了为民解难、为党分忧的有机结合。因此，信访工作是党性教育的题中应有之义。第二，习近平总书记关于加强和改进人民信访工作的重要思想，是习近平新时代中国特色社会主义思想的重要组成部分，是党在信访工作领域理论创新的最新成果。紧跟党的理论创新步伐，抓好党的理论创新成果的学习，是党校(行政学院)教育培训的重要内容。第三，坚定信访制度自信，坚持用中国制度、中国办法解决中国问题，需要广大党员、干部深刻理解和准确把握，增强认同感、自信心和自豪感，强化砥砺干事创业的政治责任感和历史使命感。

(三)建立健全年轻干部和新录用干部到信访工作岗位锻炼制度

年轻干部和新录用干部到信访工作岗位锻炼制度，是新时代培养干部的新举措，充分体现了以习近平同志为核心的党中央对信访工作的高度重视和对信访部门的极大信任。安排年轻干部和新录用于部到信访工作岗位锻炼,既提高了年轻干部应对紧急事态、处理复杂问题和做群众工作的能力,也促进了干部队伍的作风建设,增强了年轻干部的群众观念,密切了干群关系。同时拓宽了干部培养锻炼的渠道,探索了新形势下加强和改进信访工作的新路子,为信访工作注入了新活力。

(四)提供必要的支持和保障以及经费预算

主要是明确加大对信访工作的投入,切实保障信访部门必要的办公经费和处理信访事项的业务经费,为信访干部履行职责提供有力支持。按照布局合理、设备齐全、环境友好、安全有序的要求,进一步改善群众来访接待场所,努力营造友好和谐的信访工作环境。从工作上、生活上、心理上关心爱护信访干部,积极采取措施,帮助信访干部解决实际困难和问题,为他们的工作、学习、生活和成长进步创造良好条件。

第三章 信访事项的提出和受理

第十七条 【信访人提出信访事项的形式】公民、法人或者其他组织可以采用信息网络、书信、电话、传真、走访等形式,向各级机关、单位反映情况,提出建议、意见或者投诉请求,有关机关、单位应当依规依法处理。

采用前款规定的形式,反映情况,提出建议、意见或者投诉请求的公民、法人或者其他组织,称信访人。

条文注释

本条是关于信访人提出信访事项的形式的规定。

信访事项的提出一般有信息网络、书信、电话、传真、走访等基本形式。信息网络形式,是指信访人通过互联网平台或指定的互联网页面、手机客户端、微信公众号、电子信箱等提出信访事项。书信形式,是指信访人以信函、贺卡、明信片、汇款单、包裹等方式提出信访事项。电话形式，是指信访人以电话的方式口头提出信访事项。传真形式，是指信访人将信访事项以传真的形式向有关机关、单位公布的传真电话发送。走访形式，是指信访人本人或委托他人到有关机关、单位设立或指定的接待场所面谈，提出信访事项。

第十八条　【各级机关、单位畅通信访渠道的要求】各级机关、单位应当向社会公布网络信访渠道、通信地址、咨询投诉电话、信访接待的时间和地点、查询信访事项处理进展以及结果的方式等相关事项，在其信访接待场所或者网站公布与信访工作有关的党内法规和法律、法规、规章，信访事项的处理程序，以及其他为信访人提供便利的相关事项。

各级机关、单位领导干部应当阅办群众来信和网上信访、定期接待群众来访、定期下访，包案化解群众反映强烈的突出问题。

市、县级党委和政府应当建立和完善联合接访工作机制，根据工作需要组织有关机关、单位联合接待，一站式解决信访问题。

任何组织和个人不得打击报复信访人。

条文注释

本条是关于各级机关、单位畅通信访渠道的要求的规定。

（一）建立健全信访渠道信息公开制度

1. 公开的主体是各级机关、单位。不仅包括党委和政府信访部门，还包括各级党的机关、人大机关、行政机关、政协机关、监察机关、审判机关、检察机关以及群团组织、国有企事业单位等所有开展信访工作的主体。

2. 公开的内容主要有以下几类：一是网络信访渠道、通信地址、咨询投诉电话、信访接待的时间和地点、查询信访事项处理进展以及结果的方式等相关事项。二是与信访工作有关的党内法规和法律、法规、规章。三是信访事项的处理程序，包括信访事项的受理、办理、复查、复核等具体工作程序。四是其他为信访人提供便利的相关事项。

3. 公开的方式主要有以下几种：一是通过报刊、电台、电视台、互联网等新闻媒体主动传达有关政务信息。二是通过本机关网站，对外宣传信访工作。三是印发信访工作有关宣传资料，以免费的形式向社会各方面公布有关信访工作的政务信息。四是在信访接待场所设立公告栏、电子屏幕、电子查询设备等，公开有关信访工作的制度和规定等。

（二）建立健全领导干部亲自处理信访制度

1. 阅办群众来信和网上信访。领导干部认真阅办群众来信和网上信访具有以下几个方面的重要意义：一是有利于进一步增强党和政府与人民群众的密切联系。二是有利于进一步促进科学民主决策。三是有利于进一步推动信访问题的解决。四是有利于进一步加强对信访工作的领导。五是有利于进一步规范信访行为和信访秩序。

2. 领导干部定期接访下访。领导干部定期接访下访具有以下几个方面的重要意义：一是可以了解到更真实的信息，及时发现工作中存在的问题，推动决策科学化。二是能够直接解决一批群众反映强烈的热点难点问题和一些久拖不决的问题，进一步树立党和政府在人民群众中的威信。三是可以对现阶段信访工作情况有更深入的了解，更好地推动本地区、本部门信访工作向纵深发展。四是能够进一步畅通与群众交流、沟通、联系的渠道，密切领导干部与群众的关系。五是检查基层信访工作落实情况和实际成效，发现不足，及时督促基层把群众反映的问题处理好，带动广大干部形成积极主动帮助群众解难题、办实事的良好氛围。

3. 领导干部包案化解群众反映强烈的突出问题。领导干部包案应注意以下五个环节：一是建立制度，以文件、制度等方式，明确领导干部包案的职责，落实包掌握情况、包思想教育、包解决化解、包息诉息访责任制。二是明确任务，对于需要包案的问题用文件或台账的形式固定下来。三是整合力量，调集有关部门的力量，形成统一领导、上下联动的工作机制。四是直接处理,在查清情况的基础上,依法按政策提出处理意见。五是督办落实,对包案解决问题的处理要一督到底,直到息诉罢访、彻底解决。

(三)建立和完善联合接访工作机制

联合接访,主要是将涉及信访问题较多的有关部门集中起来,联合接待群众来访,直接处理信访事项,方便信访群众,提高信访工作效能。开展联合接访具有以下几个方面的重要意义:一是有利于进一步畅通信访渠道,提高群众对党委和政府工作的满意度。二是有利于进一步加大对信访问题的处理力度,提高工作效率。三是有利于进一步整合力量,形成齐抓共管的信访工作格局。四是有利于进一步规范上访行为,维护正常的信访秩序。五是有利于进一步改善党和政府形象,树立工作权威。

(四)不得打击报复信访人

所谓打击报复,是指机关、单位工作人员滥用职权、假公济私,对信访人实施侵害其人身权利、财产权利、民主权利和政治权利的行为。"不得打击报复信访人"具体落实了宪法"对于公民的申诉、控告或者检举有关国家机关必须查清事实,负责处理。任何人不得压制和打击报复"的规定。

关联法规

《宪法》第41条第2款;《信访工作责任制实施办法》第4条第3款;《关于创新群众工作方法解决信访突出问题的意见》;《关于进一步加强和规范联合接访工作的意见》

第十九条 【信访人提出信访事项的要求】信访人一般应当采用书面形式提出信访事项,并载明其姓名(名称)、住址和请求、事实、理由。对采用口头形式提出的信访事项,有关机关、单位应当如实记录。

信访人提出信访事项,应当客观真实,对其所提供材料内容的真实性负责,不得捏造、歪曲事实,不得诬告、陷害他人。

信访事项已经受理或者正在办理的,信访人在规定期限内向受理、办理机关、单位的上级机关、单位又提出同一信访事项的,上级机关、单位不予受理。

条文注释

本条是关于信访人提出信访事项的要求的规定。

(一)完整性要求

根据本条第1款规定,信访事项一般应载明信访人的姓名(名称)、住址和请求、事实、理由。该款规定了信访人提出信访事项必须载明的内容,主要出于以下三点考虑:一是保证信访人所提信访事项的严肃性;二是保证信访人所提信访事项的真实性;三是便于告知信访人信访事项的处理情况。

(二)真实性要求

信访人提出信访事项,是为了证明其合法利益受到侵害,或者实际生产生活中存在困难和问题,从而获得信访救济。为了便于有关机关、单位证实信访人所提出的事项应该获得救济,信访人应当如实提供有关材料、反映真实情况,不能隐瞒有关情况、提供虚假材料,更不能捏造、歪曲事实,诬告、陷害他人。所谓捏造事实,是指无中生有,编造、虚构事实。所谓歪曲事实,是指不如实反映事实。所谓诬告、陷害他人,是指信访人通过捏造、歪曲事实,意图使他人受到党纪政纪处分或者法律制裁。

(三)禁止性要求

本条例第26条规定了信访人"六个不得"的行为,实际对信访人在信访过程中不得有扰乱单位、公共场所、公共交通秩序等社会秩序的违法行为作了规定。

关联法规

《宪法》第33条、第51条、第53条

第二十条　【采用走访形式提出信访事项的要求】信访人采用走访形式提出信访事项的，应当到有权处理的本级或者上一级机关、单位设立或者指定的接待场所提出。

信访人采用走访形式提出涉及诉讼权利救济的信访事项，应当按照法律法规规定的程序向有关政法部门提出。

多人采用走访形式提出共同的信访事项的，应当推选代表，代表人数不得超过5人。

各级机关、单位应当落实属地责任，认真接待处理群众来访，把问题解决在当地，引导信访人就地反映问题。

条文注释

本条是关于信访人采用走访形式提出信访事项的要求的规定。

（一）走访层级

信访人走访应当向有权处理的本级或者上一级机关、单位提出。有权处理的本级机关、单位是指对信访事项有直接管辖权的机关、单位。上一级机关、单位是指对该机关、单位有直接管辖权的上一级主管或指导机关、单位。强调到有权处理的本级或者上一级机关、单位走访反映，根本出发点在于依法及时就地解决问题，切实维护群众合法权益，更好地实现信访权利。

（二）涉及诉讼权利救济信访事项的走访

根据《民事诉讼法》《刑事诉讼法》《行政诉讼法》及相关司法解释，法院、检察院有特定的级别管辖规定。与一般信访事项到有权处理的本级或者上一级机关、单位走访反映不同，信访人采用走访形式提出涉及诉讼权利救济的信访事项，应当按照法律法规规定的管辖级别和程序向有关政法部门提出。

（三）接待场所

根据本条例第18条“各级机关、单位应当向社会公布网络信访渠道……信访接待的时间和地点……”的规定，设立或指定接待场所是各级机关、单位的义务。信访人采用走访形式提出信访事项，也应当到设立或指定的接待场所，做到有序信访。

在设立或指定场所之外反映问题，不属于信访活动。少数信访人为引起有关机关、单位的重视，采取到机关、单位门口或公共场所等非设立或指定接待场所上访，不符合本条例的规定，其在设立或指定场所之外提出的事项，有关机关、单位不应受理。

（四）走访人数

多人采用走访形式提出共同的信访事项的，应当推选代表，代表人数不得超过5人。这是对反映共同信访事项的走访代表人数的限制。适用该规定需要满足以下三个要件：一是“多人”，标准是超过5人。二是提出的是共同信访事项，即具有相同的诉求、共同的利害关系，不可分割。三是采用走访形式提出，如果是通过书面形式提出信访事项，比如写联名信，则不受该款规定约束。

（五）属地责任

各级机关、单位应当落实属地责任，认真接待处理群众来访，把问题解决在当地，引导信访人就地反映问题。如此规定主要考虑到大多数信访问题发生在基层和属地，大多数信访问题也应在基层和属地得到解决，各级机关、单位应当认真落实“属地管理、分级负责，谁主管、谁负责”的责任，切实提高解决问题的能力，通过认真接待处理群众来访，努力把矛盾化解于萌芽，把问题解决在属地，减少矛盾上行。

第二十一条 【加强信访工作信息化、智能化建设】各级党委和政府应当加强信访工作信息化、智能化建设，依规依法有序推进信访信息系统互联互通、信息共享。

各级机关、单位应当及时将信访事项录入信访信息系统，使网上信访、来信、来访、来电在网上流转，方便信访人查询、评价信访事项办理情况。

条文注释

本条是关于加强信访工作信息化、智能化建设的规定。

加强信访工作信息化、智能化建设，依规依法有序推进信访信息系统互联互通、信息共享是适应信访工作形势发展的迫切需要。一是强化国家信访信息系统的联通应用,做到应接尽接。二是强化信访信息录入,做到应录尽录,录入内容全面准确。在登记环节,做到及时登记、精准判重、关联准确、信访人基本信息和诉求等录入齐全;在受理办理环节,做到及时录入受理办理告知书处理(复查、复核)意见和送达回证等。此外,关于涉法涉诉信访事项涉及的法律文书,如人民法院作出的判决、裁定、决定等也应全面及时录入信访信息系统。

第二十二条 【各级党委和政府信访部门收到信访事项的处理】各级党委和政府信访部门收到信访事项,应当予以登记,并区分情况,在15日内分别按照下列方式处理:

(一)对依照职责属于本级机关、单位或者其工作部门处理决定的,应当转送有权处理的机关、单位;情况重大、紧急的,应当及时提出建议,报请本级党委和政府决定。

(二)涉及下级机关、单位或者其工作人员的,按照“属地管理、分级负责,谁主管、谁负责”的原则,转送有权处理的机关、单位。

(三)对转送信访事项中的重要情况需要反馈办理结果的,可以交由有权处理的机关、单位办理,要求其在指定办理期限内反馈结果,提交办结报告。

各级党委和政府信访部门对收到的涉法涉诉信件,应当转送同级政法部门依法处理;对走访反映涉诉问题的信访人,应当释法明理,引导其向有关政法部门反映问题。对属于纪检监察机关受理的检举控告类信访事项,应当按照管理权限转送有关纪检监察机关依规依纪依法处理。

条文注释

本条是关于各级党委和政府信访部门收到信访事项应如何处理的规定。

（一）属于本级机关、单位或者其工作部门处理决定的事项

根据本条第1款第1项规定，对依照职责属于本级机关、单位或者其工作部门处理决定的，应当转送有权处理的机关、单位；情况重大、紧急的，应当及时提出建议，报请本级党委和政府决定。转送，是指信访部门对于决定受理的信访事项，根据有关机关、单位的职责权限和级别管辖，将信访事项转到有权对信访事项的实体内容进行调查、核实并作出处理决定的机关单位。

（二）涉及下级机关、单位或者其工作人员的事项

根据本条第1款第2项规定，涉及下级机关、单位或者其工作人员的，按照“属地管理、分级负责，谁主管、谁负责”的原则，转送有权处理的机关、单位。

1. 对非垂直管理系统的信访问题，应由信访问题发生地的党委和政府负责协调处理。首先按照“属地管理、分级负责”的原则，确定信访问题管辖和处理的层级。由于各级党委和政府与其职能部门之间的关系是领导与被领导的关系，确定了信访问题该由哪级党委和政府处理后，再由这级党委和政府按照“谁主管、谁负责”的原则，确定和协调相关职能部门在处理信访问题方面的责任。

2. 对垂直管理系统的信访问题，应由该垂直系统的直属部门负责处理。首先按照“谁主管、谁负责”的原则确定问题的主管部门，再由主管部门根据问题的性质确定处理问题的层级，直接或交由下级直属部门处理。

（三）转送信访事项中的重要情况需要反馈办理结果的事项

根据本条第1款第3项规定，对转送信访事项中的重要情况需要反馈办理结果的，可以交由有权处理的机关、单位办理，要求其在指定办理期限内反馈结果，提交办结报告。交办的程序主要有两个环节：一是判断信访事项是否有比较重要的情况。比较重要的情况，是指信访事项重要、敏感出、复杂、情节较为严重或者存在其他特殊情况。二是在履行一定手续后交由有权处理的机关、单位办理。信访部门应当履行交办程序，形成正式函件，通过网上交办等方式，向有权处理的机关、单位交办，并明确办理期限和办结报告等。

（四）涉法涉诉信访事项

根据本条第2款的规定，对涉法涉诉信访事项区分两种情况处理：一是将收到的涉法涉诉信件，转送同级政法部门依法处理；二是对走访反映涉诉问题的信访人，应当释法明理，引导其向有关政法部门反映问题。上述规定体现了信访与诉讼分离的原则，意在信访工作入口处厘清信访与诉讼的界限，把涉及民商事、行政、刑事等诉讼权利救济的信访事项从普通信访体制中分离出来，由政法部门依法处理。

（五）属于纪检监察机关受理的检举控告类信访事项

对此类事项，需作两方面处理：一是根据本条例第20条第2款的规定，按照管理权限转送有关纪检监察机关依规依纪依法处理。有关纪检监察机关依规依纪依法处理，是指纪检监察机关的权力由党章党规党纪和宪法法律法规赋予，职责纪定、职责法定，监督执纪、监察执法必须以党章党规党纪和宪法法律法规为尺子。二是根据本条例第30条第2款的规定，按照干部管理权限向组织（人事）部门通报反映干部问题的信访情况，重大情况向党委主要负责同志和分管组织（人事）工作的负责同志报送。

关联法规

《关于依法处理涉法涉诉信访问题的意见》；《中国共产党党内监督条例》第29条；《中国共产党纪律检查机关监督执纪工作规则》第17条；《纪检监察机关处理检举控告工作规则》

第二十三条　【其他机关、单位收到信访事项的处理】党委和政府信访部门以外的其他机关、单位收到信访人直接提出的信访事项，应当予以登记；对属于本机关、单位职权范围的，应当告知信访人接收情况以及处理途径和程序；对属于本系统下级机关、单位职权范围的，应当转送、交办有权处理的机关、单位，并告知信访人转送、交办去向；对不属于本机关、单位或者本系统职权范围的，应当告知信访人向有权处理的机关、单位提出。

对信访人直接提出的信访事项，有关机关、单位能够当场告知的，应当当场书面告知；不能当场告知的，应当自收到信访事项之日起 15 日内书面告知信访人，但信访人的姓名(名称)、住址不清的除外。

对党委和政府信访部门或者本系统上级机关、单位转送、交办的信访事项，属于本机关、单位职权范围的，有关机关、单位应当自收到之日起 15 日内书面告知信访人接收情况以及处理途径和程序；不属于本机关、单位或者本系统职权范围的，有关机关、单位应当自收到之日起 5 个工作日内提出异议，并详细说明理由，经转送、交办的信访部门或者上级机关、单位核实同意后，交还相关材料。

政法部门处理涉及诉讼权利救济事项、纪检监察机关处理检举控告事项的告知按照有关规定执行。

条文注释

本条是关于党委和政府以外的其他机关、单位收到信访事项的处理的规定。

(一)登记

根据本条规定，党委和政府信访部门以外的其他机关、单位收到信访人直接提出的信访事项，应当予以登记。具体来说，对于来自信访部门或者本系统上级机关、单位转送、交办的信访事项：(1)已经接入信访信息系统的机关、单位，需要核对系统传来的信访事项信息；(2)没有接入信访信息系统的机关、单位，需要自行记录相关信息。

(二)甄别处理

1. 甄别是否属于本机关、单位职权范围。对属于本机关、单位职权范围的事项，应当受理；对属于本系统下级机关、单位职权范围的事项，转送、交办有权处理的机关、单位；对不属于本机关、单位或者本系统职权范围的事项,不予受理。

2. 甄别处理途径和程序。处理途径和程序是指本条例第 31 条明确的六种情形及对应的处理程序,包括:(1)涉法涉诉事项办理程序;(2)仲裁程序;(3)办理党员申诉等事项的党内程序;(4)办理行政复议等事项的特定行政程序;(5)依法履职程序;(6)不属于以上情形的事项,听取信访人陈述事实和理由,并调查核实。

3. 甄别是否属于重复信访事项。信访事项已经受理或者正在办理的,不予受理;信访人对复核意见不服,仍然以同一事实和理由提出投诉请求的,不再受理。

(三)受理

受理的程序主要有两个环节:一是明确处理途径和程序。处理途径和程序一般由有权处理机关、单位负责信访工作的机构,与本机关、单位对该诉求负有办理责任的部门进行会商确定。二是导入相应程序办理。负责信访的工作机构依照职责、会商意见或决定,将信访事项移送本机关、单位责任部门,导入相应程序办理。

(四)告知

1. 告知的内容。分为以下四种情形:(1)对已经受理或正在办理的;跨越本级和上一级机关、单位走访提出的;已经复核仍然以同一事实和理由提出投诉请求的;涉法涉诉信访事项已经依法终结的,告知信访人不受理。(2)对属于本机关、单位职权范围的,告知信访人接收情况以及处理途径和程序。(3)对属于本系统下级机关、单位职权范围,已转送、交办有权处理机关、单位的,告知信访人转送、交办去向。(4)对不属于本机关、单位或者本系统职权范围的,告知信访人向有权处理的机关、单位提出。

2. 告知的形式。基本要求参见信访部门告知形式。对适用简易办理的信访事项,除信访人要求出具纸质受理告知书的,可以当面口头或通过信息网络、电话、手机短信等快捷方式告知信访人。

3. 告知的期限。对于转送、交办的事项,或者不能当场答复是否受理的事项,应当自收到之日起 15 日内告知信访人。对适用简易办理的事项,应当自收到之日起 3 个工作日内决定是否受理。可以当即决定的，应当立即告知信访人。

第二十四条 【管辖权争议和继承】涉及两个或者两个以上机关、单位的信访事项，由所涉及的机关、单位协商受理；受理有争议的，由其共同的上一级机关、单位决定受理机关；受理有争议且没有共同的上一级机关、单位的，由共同的信访工作联席会议协调处理。

应当对信访事项作出处理的机关、单位分立、合并、撤销的，由继续行使其职权的机关、单位受理；职责不清的，由本级党委和政府或者其指定的机关、单位受理。

条文注释

本条是关于信访事项出现管辖权争议和继承的情形，如何处理的规定。

（一）管辖权争议

实践中，出现管辖权争议时，主要通过以下方式决定受理主体。

1. 协商受理。涉及两个或者两个以上机关、单位的信访事项，由所涉及的机关、单位协商受理。协商存在以下两种情形：(1)由其中的一个机关、单位受理。一般情况是，该机关、单位与发生受理争议的信访事项的关系更加密切，或者该机关、单位受理在先。(2)由争议的机关、单位共同受理。也就是该事项由两个机关、单位联合办理。

2. 决定受理。如果受理有争议不能通过协商解决，则由其共同的上一级机关、单位决定受理机关、单位。比如，上一级党委或政府部门和下一级党委或政府之间存在受理争议，则由上一级党委或政府决定受理机关、单位。

3. 协调处理。由于信访问题错综复杂，多重交织，综合性、关联性强，特别是有些事项跨地区、跨部门、跨行业，受理有争议但没有共同的上一级机关、单位。这样就由共同的信访工作联席会议协调处理。需要强调的是，协调处理是指明确责任分工和化解方案，并不是由信访工作联席会议直接作为受理机关、单位。

（二）管辖权继承

1. 机关、单位分立，即一个主体分解为两个以上主体。一般有两种情况：(1)新设式分立，指销原机关、单位，分立为两个或两个以上新的机关、单位。(2)派生式分立，指原机关、单位存续，分出部分设立一个以上新的机关、单位。“继续行使其职权的机关、单位”就是机关、单位分立后，继承该事项所涉及职权的新的机关、单位。

2. 机关、单位合并，即两个以上的主体集合为一个主体。机关、单位合并一般有两种情况：(1)创设式合并，是指两个以上的机关、单位合并为一个新的机关、单位，原机关、单位消亡。(2)吞并式合并，是指一个机关、单位吸收被合并的其他机关、单位，合并后只有一个机关、单位存续，被合并的机关、单位消亡。“继续行使其职权的机关、单位”就是合并后新的机关、单位。

3. 机关、单位撤销，即一个主体的资格从法律上丧失。撤销一般有以下两种原因：(1)该机关、单位被解散。对于这种情形，原机关单位虽然丧失了法律资格，但在其享有资格期间所实施的行为效果应由其撤销机关、单位承受。所以，应当对信访事项作出处理的原机关、单位被撤销的，由撤销原机关、单位的机关、单位受理该信访事项。(2)授权机关、单位收回授权或授权期限已满。在这种情形下，授权主体的行为效果由给予授权的机关、单位承受。所以，受理该信访事项的机关、单位为授权机关、单位。

第二十五条　【重大、紧急信访事项和信访信息报告制度】 各级机关、单位对可能造成社会影响的重大、紧急信访事项和信访信息，应当及时报告本级党委和政府，通报相关主管部门和本级信访工作联席会议办公室，在职责范围内依法及时采取措施，防止不良影响的产生、扩大。

地方各级党委和政府信访部门接到重大、紧急信访事项和信访信息，应当向上一级信访部门报告，同时报告国家信访局。

条文注释

本条是关于重大、紧急信访事项和信访信息报告制度的规定。

重大、紧急信访事项,是指可能或已经对某一地区的政治、经济和社会生活造成一定影响的信访事项。重大、紧急信访事项的线索及有关情况为重大、紧急信访信息。

重大、紧急信访事项和信访信息的报告范围主要包括以下几种:(1)涉信访的群体性事件;(2)已经或有可能引发群众信访的重大交通事故、重大职工伤亡事故、公共场所伤亡事故等重大恶性事故;(3)已经或有可能引发群众信访的对生活、生产环境造成严重影响的灾害疫情;(4)已经或有可能引发群众信访的情节恶劣、影响重大的严重犯罪案件;(5)重大社情民意及可能危及社会安定的苗头性和倾向性问题;(6)其他需要报告的重大、紧急信访信息。

第二十六条　【合法信访】信访人在信访过程中应当遵守法律、法规,不得损害国家、社会、集体的利益和其他公民的合法权利,自觉维护社会公共秩序和信访秩序,不得有下列行为:

(一)在机关、单位办公场所周围、公共场所非法聚集,围堵、冲击机关、单位,拦截公务车辆,或者堵塞、阻断交通;

(二)携带危险物品、管制器具;

(三)侮辱、殴打、威胁机关、单位工作人员,非法限制他人人身自由,或者毁坏财物;

(四)在信访接待场所滞留、滋事,或者将生活不能自理的人弃留在信访接待场所;

(五)煽动、串联、胁迫、以财物诱使、幕后操纵他人信访,或者以信访为名借机敛财;

(六)其他扰乱公共秩序、妨害国家和公共安全的行为。

条文注释

本条是关于合法信访的规定。

合法信访,是指信访人在符合法律法规的前提下,通过正当渠道表达诉求、寻求问题解决途径的行为。合法信访要求信访人客观真实反映情况,不得捏造、歪曲事实,不得诬告、陷害他人。同时,信访人应当遵守法律、法规,不得损害国家、社会、集体的利益和其他公民的合法权利,自觉维护社会公共秩序和信访秩序。

合法信访不仅有助于解决问题,还能保障信访人的合法权益。如果信访人采取重复缠访、闹访或者有扰乱单位秩序、公共秩序,妨害社会管理,危害公共安全等违法行为,将受到法律的制裁。

第四章　信访事项的办理

第二十七条　【“三到位一处理”要求】各级机关、单位及其工作人员应当根据各自职责和有关规定,按照诉求合理的解决问题到位、诉求无理的思想教育到位、生活困难的帮扶救助到位、行为违法的依法处理的要求,依法按政策及时就地解决群众合法合理诉求,维护正常信访秩序。

条文注释

本条是关于“三到位一处理”要求的规定。

(一)诉求合理的解决问题到位

1. 诉求合理。诉求合理主要包括以下两点:一是符合现行法律法规和政策规定,有明确依据的信访诉求。二是虽无现行法律法规和政策规定作为明确依据,但符合情理法理、公平正义原则及按照社会大众的普遍认知,应当予以解决的信访诉求。

2. 解决问题到位。解决问题到位,至少应做到以下几点:一是所有合理诉求都依法按照政策或者按照公平正义原则予以回应。二是所有合理诉求都在法律法规和政策规定的或者社会大众普遍认知的范围内,形成解决方案。三是严格落实解决方案,不打折扣、不搞变通。

(二)诉求无理的思想教育到位

1. 诉求无理。诉求无理主要是指没有法律法规和政策规定依据,且不符合情理、法理、公平正义原则,按照社会大众的普遍认知也不应当解决的信访诉求。对于无理诉求的认定要慎重,对于同一信访事项包含多个诉求的不能因为其中个别诉求无理,就认定整个信访事项无理。

2. 思想教育到位。思想教育到位,至少应做到以下几点:一是对确定为无理诉求的,应告知信访人判定依据。二是加强与信访人的沟通交流,讲明解决问题、化解矛盾、纾解困境的具体办法。三是跟进法治教育,引导信访人通过适当方式理性反映诉求、规范信访行为。

(三)生活困难的帮扶救助到位

1. 生活困难。生活困难主要是指信访人反映的是生活困难问题,或是信访人合理诉求解决后,仍存在无稳定就业或收入来源、身患重病或近亲属患有重病、无法定扶养义务人或法定扶养义务人无法有效履行扶养责任等困难情况,或信访人的诉求无理但存在上述困难的情况。

2. 帮扶救助到位。帮扶救助到位至少应做到以下几点:一是对符合民政部门救助条件的,纳入民政部门救助对象,落实相应的救助标准。二是对有劳动能力但无生活来源的信访人及其家庭成员,开展就业援助和帮扶,帮助提高家庭收入水平。三是对因残、因病致贫,无劳动能力的,用好医疗保障、政府救助、社会救济民间互助等政策和手段,在帮扶资金上给予倾斜,有效缓解家庭经济负担。四是对家庭出现重大变故的,及时走访慰问,给予关心帮助。

(四)行为违法的依法处理

对在信访活动中实施或以信访为名实施法律法规明确禁止的扰乱社会秩序、危害公共安全、进行人身攻击、借机敛财以及其他违法行为的信访人,由政法部门依照相关法律法规进行处理,以维护正常的信访秩序和社会公共秩序。

第二十八条　【一般性要求】各级机关、单位及其工作人员办理信访事项，应当恪尽职守、秉公办事，查明事实、分清责任，加强教育疏导，及时妥善处理，不得推诿、敷衍、拖延。

各级机关、单位应当按照诉讼与信访分离制度要求，将涉及民事、行政、刑事等诉讼权利救济的信访事项从普通信访体制中分离出来，由有关政法部门依法处理。

各级机关、单位工作人员与信访事项或者信访人有直接利害关系的，应当回避。

条文注释

本条是关于各级机关、单位及其工作人员办理信访事项的一般性要求的规定。

（一）恪尽职守规定

本条第1款是对信访工作的职业道德性要求。恪尽职守、秉公办事，不得推诿、敷衍、拖延，是公职人员的基本操守；查明事实、分清责任，是信访矛盾纠纷化解的基本前提；加强教育疏导，及时妥善处理，是群众工作的基本要求。

（二）诉访分离原则

各级政法部门是依法处理涉法涉诉信访问题的责任主体，要准确区分涉法涉诉信访事项的“诉”与“访”。对符合法律法规规定，属于政法部门管辖的信访事项，可以通过司法程序或相应法定救济途径解决的，作为“诉”类事项办理；对政法部门依法不能通过司法程序或其他法定救济途径解决的信访事项，作为“访”类事项办理。

（三）回避制度

回避是指不得参与信访事项的处理，已经参与的要退出处理程序。该制度是为了防止徇私枉法而对职务履行采取的一种限制性措施，体现了程序正义的特点和要求。回避具体包括以下两种情形：(1)与信访事项有直接利害关系，例如是信访投诉、举报的对象；(2)与信访人有直接利害关系，例如是信访人的近亲属。回避既可由工作人员主动提出,也可经信访人、信访对象申请提出。

第二十九条 【建议意见类信访事项的办理】对信访人反映的情况、提出的建议意见类事项,有权处理的机关、单位应当认真研究论证。对科学合理、具有现实可行性的,应当采纳或者部分采纳,并予以回复。

信访人反映的情况、提出的建议意见,对国民经济和社会发展或者对改进工作以及保护社会公共利益有贡献的,应当按照有关规定给予奖励。

各级党委和政府应当健全人民建议征集制度,对涉及国计民生的重要工作,主动听取群众的建议意见。

条文注释

本条是关于建议意见类信访事项的办理的规定。

建议意见类信访事项,是指人民群众通过信访渠道对党的建设、国家发展以及社会治理各方面提出建议意见,表达对公共政策和涉及公共利益的决策的看法,反映法律、法规和政策等实施中存在的问题等事项。

(一)办理程序

本条第1款规定,对信访人反映的情况、提出的建议意见类事项,有权处理的机关、单位应当认真研究论证。对科学合理、具有现实可行性的,应当采纳或者部分采纳,并予以回复。

建议意见类信访事项的办理有其自身的特殊性:(1)一般不适用强制性程序,办理流程较为灵活。(2)研究论证的形式由有权处理的机关单位自由裁量确定,可以灵活采用常识判断、资料对照、会议研究、专家论证、实地调研等方法。(3)对于采纳或者部分采纳的建议意见,需向信访人作出回复,予以告知。

(二)表彰奖励

为鼓励人民群众参与国家和社会治理,积极为党和国家建言献策,本条例第29条第2款对建议意见的表彰奖励作出规定,明确“信访人反映的情况、提出的建议意见,对国民经济和社会发展或者对改进工作以及保护社会公共利益有贡献的,应当按照有关规定给予奖励”。合理化建议奖励制度常见于企业,通过表彰奖励,可以鼓励员工积极建言献策,改善生产经营管理,提高工作效率,增强内部活力,实现企业更好发展。

(三)人民建议征集制度

本条第3款明确“各级党委和政府应当健全人民建议征集制度,对涉及国计民生的重要工作,主动听取群众的建议意见”。各级党委和政府应当建立健全人民建议征集机制,针对那些关乎国家发展大计与民众切身利益的重大工作事项,积极主动地广泛听取并认真吸纳人民群众的意见和建议。这意味着,在政策制定、规划实施、项目管理等各个环节,都要确保民众的参与权和表达权得到充分尊重,让人民群众的声音成为决策的重要依据之一,真正实现人民政府为人民,促进社会和谐与发展。

第三十条　【检举控告类信访事项的办理】对信访人提出的检举控告类事项,纪检监察机关或者有权处理的机关、单位应当依规依纪依法接收、受理、办理和反馈。

党委和政府信访部门应当按照干部管理权限向组织(人事)部门通报反映干部问题的信访情况,重大情况向党委主要负责同志和分管组织(人事)工作的负责同志报送。组织(人事)部门应当按照干部选拔任用监督的有关规定进行办理。

不得将信访人的检举、揭发材料以及有关情况透露或者转给被检举、揭发的人员或者单位。

条文注释

本条是关于检举控告类信访事项的办理的规定。

检举控告类信访事项,是指人民群众通过信访渠道对行使公权力的机关、单位及其工作人员失职、渎职等违纪违法行为进行检举或者控告,要求查处的事项。

（一）办理程序

本条第1款规定："对信访人提出的检举控告类事项，纪检监察机关或者有权处理的机关、单位应当依规依纪依法接收、受理、办理和反馈。"检举控告类事项从信访渠道接收登记后，后续办理依照纪检监察相关纪法规定的专门程序和要求进行，主要是指《纪检监察机关处理检举控告工作规则》规定的程序和要求进行接收、受理、办理和反馈。

（二）向组织（人事）部门通报报送制度

为了充分发挥信访举报的监督作用，便于相关部门和领导同志掌握情况，国家信访局与中央组织部等部门建立了工作衔接机制，按照干部监督工作联席会议及相关部门联合印发的有关规定，定期向有关领导同志及相关部门报送反映干部问题的信访情况。本条例第30条第2款固化提升了这一实践做法，明确"党委和政府信访部门应当按照干部管理权限向组织（人事）部门通报反映干部问题的信访情况，重大情况向党委主要负责同志和分管组织（人事）工作的负责同志报送。组织（人事）部门应当按照干部选拔任用监督的有关规定进行办理"。

（三）保密制度

本条第3款规定："不得将信访人的检举、揭发材料以及有关情况透露或者转给被检举、揭发的人员或者单位。"检举、揭发是公民、法人和其他组织监督违规违纪违法行为或者提供有关线索，保护国家和社会公共利益，维护公民合法权益的行为，是宪法和法律赋予公民的一项基本权利，同时也是人民群众同违规违纪违法行为作斗争的有力武器和重要手段，是纪检监察机关、司法机关以及其他有关单位发现和查处违规违纪违法案件的重要线索来源和渠道。依法保护举报人是各级机关、单位的一项重要责任。

关联法规

《纪检监察机关处理检举控告工作规则》第11条、第12条、第14条、第17条、第25~27条、第47条；《党政领导干部选拔任用工作条例》第63条；《刑事诉讼法》第111条第3款

第三十一条　【申诉求决类信访事项的办理】对信访人提出的申诉求决类事项，有权处理的机关、单位应当区分情况，分别按照下列方式办理：

（一）应当通过审判机关诉讼程序或者复议程序、检察机关刑事立案程序或者法律监督程序、公安机关法律程序处理的，涉法涉诉信访事项未依法终结的，按照法律法规规定的程序处理。

（二）应当通过仲裁解决的，导入相应程序处理。

（三）可以通过党员申诉、申请复审等解决的，导入相应程序处理。

（四）可以通过行政复议、行政裁决、行政确认、行政许可、行政处罚等行政程序解决的，导入相应程序处理。

（五）属于申请查处违法行为、履行保护人身权或者财产权等合法权益职责的，依法履行或者答复。

（六）不属于以上情形的，应当听取信访人陈述事实和理由，并调查核实，出具信访处理意见书。对重大、复杂、疑难的信访事项，可以举行听证。

条文注释

申诉求决类信访事项，是指人民群众通过信访渠道反映生产生活中遇到的困难和问题、遭受不法侵害等，要求帮助解决困难、问题，满足自身特定利益需求的事项。

一、办理程序

（一）政法部门诉访分离

本条第1项规定，“应当通过审判机关诉讼程序或者复议程序、检察机关刑事立案程序或者法律监督程序、公安机关法律程序处理的，涉法涉诉信访事项未依法终结的，按照法律法规规定的程序处理”，主要适用于政法部门处理相关事项。

各级政法部门对信访部门按规定转交的涉法涉诉信访事项，应当及时接收,依法处理。认真做好"诉"与"访"的审查分流工作,对属于本单位管辖的涉法涉诉信访事项,要认真审查信访材料,准确把握信访问题的性质和类别,一般应在15日内决定是否受理,并及时答复信访人;对不属于本单位管辖的信访事项,要详细解释相关法律规定,告知信访人向有管辖权的部门或层级反映问题,或者将信访材料转交相关部门处理。

(二)仲裁程序

本条第2项规定,"应当通过仲裁解决的,导入相应程序处理",常见的有合同争议和劳动争议等。

1. 当事人双方自愿达成有效民事仲裁协议的。根据《仲裁法》第5条规定,当事人达成仲裁协议,一方向人民法院起诉的,人民法院不予受理,但仲裁协议无效的除外。《民事诉讼法》第127条进一步明确,对于双方当事人达成书面仲裁协议的,人民法院应告知原告向仲裁机构申请仲裁。

2. 用人单位与劳动者发生劳动争议的。主要包括:因确认劳动关系发生的争议,因订立、履行、变更、解除和终止劳动合同发生的争议,因除名、辞退和辞职、离职发生的争议,因工作时间、休息休假、社会保险、福利、培训以及劳动保护发生的争议,因劳动报酬、工伤医疗费、经济补偿或者赔偿金等发生的争议。

(三)党内申诉程序

本条第3项规定,"可以通过党员申诉、申请复审等解决的,导入相应程序处理",主要适用于党的机关处理相关事项。

1. 党员对所受处理、处分不服,提出申诉或者申请复审的。《中国共产党章程》第43条明确,党员对处分决定不服的,可以提出申诉。《中国共产党问责条例》第20条对问责对象对问责决定不服的如何处理作了规定;《中国共产党纪律检查机关监督执纪工作规则》第59条对不服处分决定的申诉如何处理作了规定。

2. 党政领导班子和领导干部对考核结果有异议提出复核或者申诉的。《党政领导干部考核工作条例》第36条明确考核对象对考核结果有异议的,可以按照有关规定提出复核或者申诉。

（四）特定行政程序

本条第4项规定："可以通过行政复议、行政裁决、行政确认、行政许可、行政处罚等行政程序解决的，导入相应程序处理。"除本项列举的行政复议、行政裁决、行政确认、行政许可、行政处罚等较为常见的处理信访事项的行政程序外，行政程序还包括国家赔偿中的行政赔偿、行政补偿、行政强制以及特定类型的申诉、复查（复核、复审、复检）以及信息公开等。

（五）行政履职程序

本条第5项规定，"属于申请查处违法行为、履行保护人身权或者财产权等合法权益职责的，依法履行或者答复"，主要是指确属行政机关法定职责，但无具体强制性处理程序的事项。需要说明的是，此处仅限于"查处违法行为、履行保护人身权或者财产权等合法权益"职责，对于行政机关其他无具体强制性处理程序的法定职责，如内部安全管理、保密等，则不在此项规定的适用范围。

（六）信访"兜底"处理

对于不属于以上情形的，比如对于群众反映的历史遗留问题、法律法规尚无明确规定的问题、政策调整产生的问题、无法导入其他法定途径的问题，以及"三跨三分离"①等疑难复杂问题，通过信访"兜底"处理，适用于本条例第2条规定的所有机关、单位。

二、信访处理意见书

通过信访"兜底"处理的，本条第6项规定，"应当听取信访人陈述事实和理由，并调查核实，出具信访处理意见书。对重大、复杂、疑难的信访事项，可以举行听证"。对于这类情形，本条例第34条规定，"应当自受理之日起60日内办结；情况复杂的，经本机关、单位负责人批准，可以适当延长办理期限，但延长期限不得超过30日，并告知信访人延期理由"。

① "三跨三分离"，是指跨地区、跨部门、跨行业和人事分离、人户分离、人事户分离。

关联法规

《仲裁法》第5条;《民事诉讼法》第127条;《中国共产党章程》第43条;《中国共产党问责条例》第20条;《中国共产党纪律检查机关监督执纪工作规则》第59条;《党政领导干部考核工作条例》第36条

第三十二条 【信访处理意见书】信访处理意见书应当载明信访人投诉请求、事实和理由、处理意见及其法律法规依据:

(一)请求事实清楚,符合法律、法规、规章或者其他有关规定的,予以支持;

(二)请求事由合理但缺乏法律依据的,应当作出解释说明;

(三)请求缺乏事实根据或者不符合法律、法规、规章或者其他有关规定的,不予支持。

有权处理的机关、单位作出支持信访请求意见的,应当督促有关机关、单位执行;不予支持的,应当做好信访人的疏导教育工作。

条文注释

本条是关于信访处理意见书的规定。

信访处理意见书是向信访人表明诉求是否合理,是否具备法律政策依据,能否得到有权处理机关支持的重要法律文书。该文书属于法律文书的范畴,应遵守法律公文的写作要求,讲求格式和语言规范,体现准确性和明确性。具体来说,应注重以下四个方面:一是遵守普遍认同的语法规则和语序逻辑;二是遣词造句必须严肃庄重且言简意赅;三是表述的意思必须清楚明白且无歧义;四是准确恰当引用法律条文和政策依据。

送达信访处理意见书必须按照相关程序进行,否则不具备法律效力。原则上应当直接送交受送达人,无法直接送达的,应遵守《民事诉讼法》关于送达的有关规定。送达回证应有两名办案人员签字。受送达人拒绝签收时,应注明拒收事由,并由见证人签名。

第三十三条　【调解、和解】各级机关、单位在处理申诉求决类事项过程中,可以在不违反政策法规强制性规定的情况下,在裁量权范围内,经争议双方当事人同意进行调解;可以引导争议双方当事人自愿和解。经调解、和解达成一致意见的,应当制作调解协议书或者和解协议书。

条文注释

本条是关于在信访工作中运用调解与和解方法的规定。

(一)调解与和解概述

1. 调解。调解是指当事人就矛盾纠纷,在人民法院、政府机关、人民调解委员会及有关组织主持下,自愿进行协商,通过教育疏导,促成各方依法达成协议、解决纠纷的活动。依据不同的标准,调解有不同的分类,例如根据达成的调解协议是否具有强制执行力,调解可以分为有强制执行力的调解和无强制执行力的调解;根据调解人的身份和性质,调解可以分为法院调解、行政调解、人民调解、仲裁庭调解、行业性专业性组织调解等。这些调解互有联系、互有区别,构成了一套完整的调解体系。

2. 和解。和解是指当事人自愿在平等的基础上就矛盾纠纷进行协商、互谅互让,进而达成妥协或协议的活动。

(二)调解与和解的区别

1. 参与力量不同。调解有第三方的参与主持,而其中的第三方即调解人的作用也是调解区别于审判和仲裁的关键因素——调解人没有权力对争执的双方当事人施加外部的强制力;而和解是当事人双方自主解决纠纷。

2. 法律效力不同。司法调解协议或笔录,以及经司法确认的调解协议具有与判决书同等的法律效力,一方当事人拒绝履行或者未全部履行的,对方当事人可以向人民法院申请强制执行;和解协议作为双方当事人之间自行达成的协议,不具有与判决书同等的法律效力。

3. 适用范围不同。调解一般应用于民商事领域;而和解既可以应用于民商事纠纷化解，也可以应用于行政纠纷化解，甚至还可以应用于某些刑事案件中。

4. 适用程序不同。司法调解仅限于审判程序，包括开庭前和庭审中；而和解既可以适用于审判程序，也可以适用于执行程序。

第三十四条 【办结期限及延期】对本条例第三十一条第六项规定的信访事项应当自受理之日起60日内办结；情况复杂的，经本机关、单位负责人批准，可以适当延长办理期限，但延长期限不得超过30日，并告知信访人延期理由。

条文注释

本条是关于信访事项办结期限及延期的相关规定。

对于本条例第31条第6项所明确规定的信访事项，各级相关机关和单位在正式受理之后，必须严格遵循时效性原则，确保在60日的规定期限内高效、妥善地完成处理工作。这一时间限制旨在保障信访人的合法权益得到及时回应，避免问题久拖不决。

然而，在实际操作中，可能会遇到一些案情复杂、涉及面广、需要深入调查或跨部门协调的信访事项。针对这类特殊情况，本条例允许在遵循一定程序的前提下，适当延长办理期限。具体来说，当确定信访事项的处理难度较大，无法在60日内完成时，需经由本机关或单位负责人的严格审批，并根据实际情况合理设定延长的时间范围。值得注意的是，这一延长期限有着明确的上限，即不得超过30日，以确保信访事项的处理不会无限期拖延。

第三十五条 【复查】信访人对信访处理意见不服的，可以自收到书面答复之日起30日内请求原办理机关、单位的上一级机关、单位复查。收到复查请求的机关、单位应当自收到复查请求之日起30日内提出复查意见，并予以书面答复。

条文注释

本条是关于信访人对信访处理意见不服的，可以请求原办理机关、单位的上一级机关、单位复查的规定。

复查,是指信访人不服办理机关、单位的信访处理意见而提出申请,依法由原办理机关、单位的上一级机关、单位对该信访事项处理意见和有关情况进行审查并作出信访复查意见的过程。

在信访工作实践中,复查的启动和办理一般有以下三个环节。

1. 申请。(1)申请复查的基本条件。一是申请人必须是不服信访事项处理意见的信访人;二是有具体的复查请求和事实依据;三是向有权复查的机关提出申请;四是在申请复查的期限范围内,即信访人应当自收到书面答复之日起30日内申请复查。(2)申请复查的方式。信访人一般应当采用书面方式申请复查,并载明申请人的姓名(名称)、住址(地址)和办理机关的主要答复意见,申请复查的主要事实、理由、时间。信访人书面申请复查有困难的,也可以口头申请,收到申请的工作人员应当当场记录以上内容,并要求复查申请人采用签字等方式予以确认。

2. 审查。(1)形式审查。对不符合申请复查基本条件的,收到复查申请的机关、单位不予复查,告知信访人相关理由,同时出具不予复查书面说明。对符合申请复查基本条件的,接受复查申请;申请事由部分不清的,可以要求申请人在合理的期限内补正。(2)实质审查。主要是审查事实认定是否准确,处理程序是否符合分类处理要求,处理意见是否依法依规、是否适当等。

3. 作出复查意见。复查机关、单位对信访人提出的有效申请进行审查后,应当自收到复查申请之日起30日内,向信访人出具书面复查意见。(1)处理意见事实清楚、依据充分、处理恰当的,维持原处理意见。(2)处理意见事实不清、依据不足或者处理不恰当的,依职权直接变更、撤销原处理意见或者责令原办理机关、单位重新办理。

第三十六条 【复核】信访人对复查意见不服的,可以自收到书面答复之日起30日内向复查机关、单位的上一级机关、单位请求复核。收到复核请求的机关、单位应当自收到复核请求之日起30日内提出复核意见。

复核机关、单位可以按照本条例第三十一条第六项的规定举行听证，经过听证的复核意见可以依法向社会公示。听证所需时间不计算在前款规定的期限内。

信访人对复核意见不服，仍然以同一事实和理由提出投诉请求的，各级党委和政府信访部门和其他机关、单位不再受理。

条文注释

本条是关于信访人对复查意见不服的，可以向复查机关、单位的上一级机关、单位请求复核的规定。

复核，是指信访人不服复查机关、单位的信访复查意见而提出申请，依法由复查机关、单位的上一级机关、单位对该信访事项的复查意见和有关情况进行审查并作出信访复核意见的过程。

本条第1款规定，信访人对复查意见不服的，可以自收到书面答复之日起30日内向复查机关、单位的上一级机关、单位请求复核。收到复核请求的机关、单位应当自收到复核请求之日起30日内提出复核意见。复核环节与复查环节基本相同，复核机关、单位应当根据信访人的申请，书面答复其经核实认定的情况、复核意见及依据和理由。复核环节可以再次引入听证，如果复核期间举行听证，听证所需时间不计算在复核期限内。

本条第3款规定，信访人对复核意见不服，仍然以同一事实和理由提出投诉请求的，各级党委和政府信访部门和其他机关、单位不再受理。

第三十七条　【多元化解与救助】各级机关、单位应当坚持社会矛盾纠纷多元预防调处化解，人民调解、行政调解、司法调解联动，综合运用法律、政策、经济、行政等手段和教育、协商、疏导等办法，多措并举化解矛盾纠纷。

各级机关、单位在办理信访事项时，对生活确有困难的信访人，可以告知或者帮助其向有关机关或者机构依法申请社会救助。符合国家司法救助条件的，有关政法部门应当按照规定给予司法救助。

地方党委和政府以及基层党组织和基层单位对信访事项已经复查复核和涉法涉诉信访事项已经依法终结的相关信访人，应当做好疏导教育、矛盾化解、帮扶救助等工作。

条文注释

本条是关于各级机关、单位在信访工作中，应坚持社会矛盾纠纷多元化解与救助的规定。

信访问题的成因复杂多样，往往涉及多个部门，做好信访工作、解决信访问题，必须按照“党委统一领导、政府组织落实、信访工作联席会议协调、信访部门推动、各方齐抓共管”的要求，统筹运用各方资源，广泛吸纳社会力量，不断增强信访工作的系统性、联动性、协同性，形成共同预防化解社会矛盾的工作格局。

（一）多元化解之主体多元

做好信访工作，既要充分发挥党委和政府的作用，又要鼓励支持社会力量积极参与，形成解决信访问题的合力。社会力量作为中立的第三方，公信度较高，专业性较强，在分析解决问题方面更具客观性，在防止矛盾激化方面更具缓冲性，参与信访问题化解具有独特优势。

对社会力量参与信访工作，既要大力支持，又要有效引导；社会力量参与信访工作，必须在党委和政府领导下有序进行。对于打着为信访群众争取利益的旗号，组织、煽动、教唆、串联、幕后操纵他人制造社会影响，借机敛财、牟取不正当利益等违法犯罪行为，必须依法处理。

（二）多元化解之方式多元

作为矛盾纠纷多元化解体系的重要组成部分，信访工作既要加强与其他法定纠纷解决途径的衔接配合，也要在具体实践中落实好多元化解的要求，不断创新思路方法，深入开展领导干部接访下访，加强和规范联合接访,大力推行访调对接,把法治宣传、道德教化、关心关爱、帮扶救助贯穿工作全过程,既解决好群众的实际问题,也解决好群众的思想问题,努力实现事心双解,取得最好效果。

(三)社会救助和司法救助

1. 社会救助。社会救助是指国家和社会对由于各种原因而陷入生存困境的公民,给予财物接济和生活扶助,以保障其最低生活需要的制度。依据《社会救助暂行办法》相关规定,社会救助主要包括低生活保障、特困人员供养、受灾人员救助、医疗救助、教育救助、住房救助、就业救助、临时救助等。

2. 司法救助。依据《最高人民法院关于加强和规范人民法院国家司法救助工作的意见》等相关规定,司法救助是指人民法院在审判、执行工作中,对权利受到侵害无法获得有效赔偿的当事人采取的一次性辅助救济措施。对同一案件的同一救助申请人只进行一次性国家司法救助。对于能够通过诉讼获得赔偿、补偿的,一般应当通过诉讼途径解决。

关联法规

《关于完善矛盾纠纷多元化解机制的意见》;《关于改革完善社会救助制度的意见》

第五章 监督和追责

第三十八条 【信访工作督查】各级党委和政府应当对开展信访工作、落实信访工作责任的情况组织专项督查。

信访工作联席会议及其办公室、党委和政府信访部门应当根据工作需要开展督查,就发现的问题向有关地方和部门进行反馈,重要问题向本级党委和政府报告。

各级党委和政府督查部门应当将疑难复杂信访问题列入督查范围。

条文注释

本条是关于信访工作督查的规定。

(一)党委和政府信访工作督查

本条第1款规定:“各级党委和政府应当对开展信访工作、落实信访工作责任的情况组织专项督查。”理解本款,应注意以下几个方面:

1. 督查的主体为党委和政府。与信访工作联席会议及其办公室和信访部门、党委和政府督查部门有所不同,这里的督查主体专指在信访与督查的职能部门之上,由党委和政府组织、以党委和政府名义进行、对党委和政府负责的督查。

2. 督查的形式为专项督查。根据《政府督查工作条例》第14条的规定,政府督查通常包括综合督查、专项督查、事件调查、日常督办、线索核查等。本条例从督查的任务、特点出发,将党委和政府信访工作督查定性为专项督查,既对督查进行准确定位,又进一步明确了督查要聚焦信访工作主题、专注信访工作领域。

3. 督查的对象为本级党委和政府所属部门、下级党委和政府。所属部门包括所有担负受理、办理信访事项职责的机关及其单位。上级党委和政府对下级党委和政府进行信访工作督查,可以督查下一级党委和政府及其所属部门,必要时可以督查所辖各级党委和政府及其所属部门。

4. 督查的内容为开展信访工作、落实信访工作责任的情况。本条例规定了各机关、单位领导和组织开展信访工作的职责,明确了相应责任。党委和政府信访工作督查应当紧紧围绕这些职责要求进行,突出政治性、全局性,体现严肃性、权威性。

(二)信访工作联席会议及其办公室和信访部门督查

根据本条第2款规定,信访工作联席会议及其办公室、党委和政府信访部门应当根据工作需要开展督查,就发现的问题向有关地方和部门进行反馈,重要问题向本级党委和政府报告。该规定既给信访工作联席会议及其办公室和信访部门赋予了督查职权,也规定了督查责任。

1. 督查的分类。信访工作联席会议和信访部门督查,根据督查内容可以分为指示批示督查、决策督查和信访事项督查;根据督查方式可以分为非现场督查和实地督查。

2. 督查的基本要求。督查工作要紧紧围绕信访工作新形势新任务新要求,强化责任、突出重点,要围绕中心、完善机制、创新方法、务求实效,通过督查打通信访工作高质量发展的大动脉,推动各项决策部署落地,推动各类信访矛盾化解。

关联法规

《政府督查工作条例》第 14 条

第三十九条　【信访工作考核】各级党委和政府应当以依规依法及时就地解决信访问题为导向,每年对信访工作情况进行考核。考核结果应当在适当范围内通报,并作为对领导班子和有关领导干部综合考核评价的重要参考。

对在信访工作中作出突出成绩和贡献的机关、单位或者个人,可以按照有关规定给予表彰和奖励。

对在信访工作中履职不力、存在严重问题的领导班子和领导干部,视情节轻重,由信访工作联席会议进行约谈、通报、挂牌督办,责令限期整改。

条文注释

本条是关于信访工作考核的规定。

信访工作的考核需要遵循以下原则和要求:

1. 属地管理、分级负责原则。信访工作实行属地管理,谁主管、谁负责,确保各级组织和领导干部负责其职责范围内的信访工作。

2. 诉访分离、分类处理原则。要明确区分诉讼和信访,对不同类型的信访事项进行分类处理,确保信访工作的专业性和效率。

3. 依法、及时、就地解决问题与疏导教育相结合原则。坚持依法解决问题的同时,注重疏导教育,通过教育引导群众依法信访,减少无理访和重复访。

4. 公平、公正、公开、有序、便民原则。信访工作应当坚持公平正义，公开透明，确保信访程序的有序进行，方便群众表达诉求。

关联法规

《关于创新群众工作方法解决信访突出问题的意见》

第四十条　【信访部门提出"三项建议"】党委和政府信访部门发现有关机关、单位存在违反信访工作规定受理、办理信访事项，办理信访事项推诿、敷衍、拖延、弄虚作假或者拒不执行信访处理意见等情形的，应当及时督办，并提出改进工作的建议。

对工作中发现的有关政策性问题，应当及时向本级党委和政府报告，并提出完善政策的建议。

对在信访工作中推诿、敷衍、拖延、弄虚作假造成严重后果的机关、单位及其工作人员，应当向有管理权限的机关、单位提出追究责任的建议。

对信访部门提出的改进工作、完善政策、追究责任的建议，有关机关、单位应当书面反馈采纳情况。

条文注释

本条是关于信访部门提出"三项建议"的规定。

1. 提出改进工作的建议。提出改进工作的建议一般与督查督办相结合，其形式一般与督查督办方式相适应，即采取网上督办方式的对应网上提出改进工作建议，采取发函督办方式的对应发函提出改进工作建议，实地督查可口头提出后以书面方式正式提出。无论采用何种方式提出改进工作的建议，接收建议的机关、单位都应以书面形式向提出建议的信访部门反馈采纳情况。

2. 提出完善政策的建议。完善政策的建议，一般由信访部门以书面方式向本级党委和政府提出。党委和政府对信访部门提出的完善政策的建议应当认真研究，指定有关职能部门研究论证，有关职能部门应就建议办理及政策完善等情况向信访部门作出书面反馈。

3. 提出追究责任的建议。信访部门根据处理信访事项过程中了解到的情况，就有关机关、单位的违法失职行为，向其上级有管理权限的机关、单位提出追责建议；就某些机关、单位工作人员的违法失职行为，向有人事任免权限的机关、单位提出追责建议。追责建议应当以书面形式提出，有管理权限的机关、单位对信访部门提出的追究责任的建议应当认真研究处理，并及时向信访部门书面反馈采纳情况。

信访部门有效履行"三项建议"职责，不仅是落实本条例的必然要求，也是深入推进信访工作法治化的重要举措。另外，根据本条第4款规定，对信访部门提出的改进工作、完善政策、追究责任的建议，有关机关、单位应当书面反馈采纳情况，进一步强化了信访部门提出"三项建议"的权威性和约束力。

第四十一条 【信访情况年度报告及信访工作与巡视巡察工作衔接】党委和政府信访部门应当编制信访情况年度报告，每年向本级党委和政府、上一级党委和政府信访部门报告。年度报告应当包括下列内容：

（一）信访事项的数据统计、信访事项涉及领域以及被投诉较多的机关、单位；

（二）党委和政府信访部门转送、交办、督办情况；

（三）党委和政府信访部门提出改进工作、完善政策、追究责任建议以及被采纳情况；

（四）其他应当报告的事项。

根据巡视巡察工作需要，党委和政府信访部门应当向巡视巡察机构提供被巡视巡察地区、单位领导班子及其成员和下一级主要负责人有关信访举报，落实信访工作责任制，具有苗头性、倾向性的重要信访问题，需要巡视巡察工作关注的重要信访事项等情况。

条文注释

本条是关于信访情况年度报告以及信访工作与巡视巡察工作衔接的规定。

(一)信访情况年度报告

1. 报告主体。信访情况年度报告的主体为党委和政府信访部门,党委和政府信访部门以外的其他机关、单位的信访工作机构,也可参照执行。

2. 报告对象。信访情况年度报告的对象为本级党委和政府以及上一级党委和政府信访部门。党务政务公开、接受社会监督是现代社会治理的要求,随着条件的逐步成熟,还应积极进行探索,逐步将信访情况报告向社会公布,接受社会公众监督。

3. 报告形式。信访部门报告工作、报告信访信息的形式丰富、载体多样,工作总结、工作部署和重要事项需要向党委和政府报告的,应当随时报告。党委和政府信访部门应当编制信访情况年度报告,报告周期为一年一报。信访情况年度报告可以是内部综合性报告,也可以是公开出版物。

4. 报告内容。本条第 1 款对信访情况年度报告的内容作了规定,主要是分析报告群众提出信访事项情况、信访事项处理情况、信访部门监督作用发挥情况,以此反映社情民意,映射有关机关、单位工作。

(二)信访工作与巡视巡察工作衔接

本条第 2 款对信访工作与巡视巡察工作衔接的规定主要源于中央巡视办与国家信访局建立的工作协调机制,将已有实践做法扩展到全国,既是落实加强党风廉政建设的内在要求,也是坚持以党内监督为主导,推动信访监督与其他监督有机贯通、相互协调的具体举措。

关联法规

《中国共产党巡视工作条例》

第四十二条 【责任追究】因下列情形之一导致信访事项发生，造成严重后果的，对直接负责的主管人员和其他直接责任人员，依规依纪依法严肃处理；构成犯罪的，依法追究刑事责任：

（一）超越或者滥用职权，侵害公民、法人或者其他组织合法权益；

（二）应当作为而不作为，侵害公民、法人或者其他组织合法权益；

（三）适用法律、法规错误或者违反法定程序，侵害公民、法人或者其他组织合法权益；

（四）拒不执行有权处理机关、单位作出的支持信访请求意见。

条文注释

本条是关于引发信访事项责任人的责任追究的规定。

（一）责任追究的对象

本条例第2条规定："本条例适用于各级党的机关、人大机关、行政机关、政协机关、监察机关、审判机关、检察机关以及群团组织、国有企事业单位等开展信访工作。"

结合信访问题产生的原因及本条例第2条明确的适用范围来理解，追责对象是所有引发信访问题的行使公权力或者提供公共服务的组织或者人员。本条所称的"直接负责的主管人员"，是指机关、单位内部对有关工作和事项负有直接领导和管理职责，对外代表机关、单位主体实施相关行为，对引发信访问题起决定性作用的人员；"其他直接责任人员"，是指具体承办人员和协助主管人员的分管人员。

（二）责任追究的情形

1. 超越或者滥用职权，侵害公民、法人或者其他组织合法权益。超越职权，主要是指超越法定职权范围，违法决定、处理其无权决定、处理的事项，给公民、法人或者其他组织造成权益损害。超越法定职权范围通常包括超越事务管辖权限、超越地域管辖权限和超越层级管辖权限。滥用职权，主要是指自由裁量权行使不当，造成显失公正后果等。

2. 应当作为而不作为，侵害公民、法人或者其他组织合法权益。主要是指机关、单位负有实施某种积极行为的义务，能够实行而不实行，通常包括不履行法定职责、拖延履行法定职责等。

3. 适用法律、法规错误或者违反法定程序，侵害公民、法人或者其他组织合法权益。“适用法律、法规错误”，主要是指机关、单位作出决定、处理事项，没有按照法律、法规、规章的要求进行，或者错误地援用了法律、法规、规章，包括没有适用法律、法规、规章，适用无效的法律、法规、规章，应适用效力等级较高的法律、法规却适用了效力等级较低的法规、规章，适用法律、法规、规章存在遗漏，适用了不应适用的其他法律、法规、规章或规范性文件等。“违反法定程序”，主要是指违反法律、法规、规章规定的程序、步骤、方式、时限等。

4. 拒不执行有权处理机关、单位作出的支持信访请求意见。主要是指有权处理信访事项的机关、单位作出的支持信访请求的处理意见，没有得到有效执行，未能实现信访人寻求权利救济、维护自身合法权益的目的，包括不执行处理意见、无故拖延执行处理意见等。

第四十三条　【信访部门登记、转送、交办、督办责任】各级党委和政府信访部门对收到的信访事项应当登记、转送、交办而未按照规定登记、转送、交办，或者应当履行督办职责而未履行的，由其上级机关责令改正；造成严重后果的，对直接负责的主管人员和其他直接责任人员依规依纪依法严肃处理。

条文注释

本条是关于各级党委和政府信访部门登记、转送、交办、督办责任的规定。

（一）责任追究的情形

1. 未按规定登记。未按规定登记包括未登记和未如实登记两种。未登记，对已经建设或联通信访信息系统的部门，通常是指未将信访事项录入信访信息系统。未如实登记，主要是指未如实登记信访人基本信息及其反映的诉求和相关事实。

2. 未按规定转送。未按规定转送包括应转送未转送、未在规定期限内转送以及未转送到合适的有权处理机关、单位等。其中，未转送到合适的有权处理机关、单位，主要是指将信访事项转送到没有相应事权的机关或单位。

3. 未按规定交办。是否交办，通常从信访诉求、社会影响等方面进行衡量，需要考虑群众反映强烈、较为重要典型、存在风险隐患、需要及时妥善处理并反馈办理结果等因素。符合上述条件却未予交办的，通常属于应被追究责任的范围。

4. 未按规定督办。未按规定督办，主要是指在信访事项受理、办理过程中出现未按规定受理、办理信访事项，未按规定反馈信访事项办理结果，处理意见明显不当，不执行信访处理意见，办理信访事项推诿、敷衍、拖延或弄虚作假以及其他未落实"三到位一处理"要求需要督查督办的情形。

（二）责任追究的方式

未按规定登记、转送、交办、督办信访事项，情节较轻的，由其上级机关责令改正；造成严重后果的，对直接负责的主管人员、其他直接责任人员需要依规依纪依法严肃处理。

第四十四条 【负有受理信访事项职责的机关、单位的受理信访事项责任】负有受理信访事项职责的机关、单位有下列情形之一的，由其上级机关、单位责令改正；造成严重后果的，对直接负责的主管人员和其他直接责任人员依规依纪依法严肃处理：

（一）对收到的信访事项不按照规定登记；

（二）对属于其职权范围的信访事项不予受理；

（三）未在规定期限内书面告知信访人是否受理信访事项。

条文注释

本条是关于负有受理信访事项职责的机关、单位的受理信访事项责任的规定。

认定受理责任需要把握以下三点：

1. 对不按规定登记的认定。信访事项登记要如实、准确，对信访人身份信息以及主要诉求、问题属地等重要内容，应当实事求是，正确判定、准确概括并记录。各地区、各部门应当加强信访工作信息化建设，推进信访信息系统互联互通、信息共享，实现与国家信访信息系统的联通，做到事事可查询、可跟踪、可督办、可评价。

2. 对应予受理却不予受理的认定。机关、单位对属于其法定职权范围的信访事项负有受理职责，不得以任何借口推诿，不予受理。对涉及两个或者两个以上机关、单位的信访事项，本条例第 24 条第 1 款规定："由所涉及的机关、单位协商受理；受理有争议的，由其共同的上一级机关、单位决定受理机关；受理有争议且没有共同的上一级机关、单位的，由共同的信访工作联席会议协调处理。"拒不执行有关决定，以受理争议等为借口推诿不办的，应予追责。

3. 对书面告知的认定。书面告知的内容主要包括被告知人、告知的事项、出具告知的机关或单位及日期等；告知的形式和载体可以是纸质，也可以是手机短信等。与口头告知相区别，提出书面告知的要求，主要是为保证所出具的告知能被作为查询、举证的凭证和证据。

第四十五条 【对信访事项有处理权的机关、单位办理信访事项的责任】对信访事项有权处理的机关、单位有下列情形之一的，由其上级机关、单位责令改正；造成严重后果的，对直接负责的主管人员和其他直接责任人员依规依纪依法严肃处理：

（一）推诿、敷衍、拖延信访事项办理或者未在规定期限内办结信访事项；

（二）对事实清楚，符合法律、法规、规章或者其他有关规定的投诉请求未予支持；

（三）对党委和政府信访部门提出的改进工作、完善政策等建议重视不够、落实不力，导致问题长期得不到解决；

（四）其他不履行或者不正确履行信访事项处理职责的情形。

条文注释

本条是关于对信访事项有处理权的机关、单位办理信访事项的责任的规定。

认定对信访事项有处理权的机关、单位办理信访事项的责任要把握以下三点：

1. 对推诿、敷衍、拖延的认定。推诿主要是指有关机关、单位不履行法定职责，将本属于自己职责范围内的信访事项拒之门外、不予办理。敷衍主要是指虽然办理信访事项，但流于形式、程序空转，不认真解决实际问题。拖延主要是指效率低下，未在规定期限内办结信访事项，迟迟没有进展和结果。

2. 对应予支持却未予支持的认定。事实清楚，符合法律、法规却未得到支持，应认定构成本条违法情形。"事实清楚，符合法律、法规、规章或者其他有关规定"是构成本条违法情形的前提条件，如不具备此前提，即使有权处理机关、单位作出不予支持的决定存在程序失当等情形，也不构成本条所规定的违法情形。

3. 对落实信访部门建议不力导致问题长期得不到解决的认定。首先是信访部门已经提出了改进工作等建议；其次是建议未能得到及时有效落实或回应，并造成了问题久拖不决、信访人合法权益长期遭受侵害的结果。如果上述情况同时具备，即构成本条所规定的违法情形，应予追究责任。

第四十六条　【其他违法违纪责任】有关机关、单位及其领导干部、工作人员有下列情形之一的，由其上级机关、单位责令改正；造成严重后果的，对直接负责的主管人员和其他直接责任人员依规依纪依法严肃处理；构成犯罪的，依法追究刑事责任：

（一）对待信访人态度恶劣、作风粗暴，损害党群干群关系；

（二）在处理信访事项过程中吃拿卡要、谋取私利；

（三）对规模性集体访、负面舆情等处置不力，导致事态扩大；

（四）对可能造成社会影响的重大、紧急信访事项和信访信息隐瞒、谎报、缓报，或者未依法及时采取必要措施；

（五）将信访人的检举、揭发材料或者有关情况透露、转给被检举、揭发的人员或者单位；

（六）打击报复信访人；

（七）其他违规违纪违法的情形。

条文注释

本条是关于有关机关、单位及其领导干部、工作人员处理信访事项的其他违法违纪责任的规定。

针对在处理信访事项过程中可能存在的态度恶劣、作风粗暴，吃拿卡要、谋取私利等问题，本条明确了有关机关、单位及其领导干部、工作人员处理信访事项的其他责任追究要求。主要包括以下情形。

（一）对待信访人态度恶劣、作风粗暴，损害党群干群关系

信访工作是党的群众工作的重要组成部分，必须做到坚持群众路线，如果有关机关、单位工作人员对待信访人态度恶劣、作风粗暴，工作不讲究方式方法，就违背了信访工作的初心使命，损害党群干群关系，出现这样的问题应当被追究责任。对个别无理缠访、无理取闹的信访人，也应当耐心细致地进行教育疏导，努力做到思想教育到位。

（二）在处理信访事项过程中吃拿卡要、谋取私利

信访工作领域发生吃拿卡要、谋取私利等违纪违法问题直接伤害信访人的权益和感情，损害的是党和政府在人民群众中的威信和形象，也更易引发社会公众关注。对吃拿卡要、谋取私利等重点问题予以监管，强化监督和追责，旨在引导有关机关、单位工作人员在信访事项处理过程中切实知敬畏、存戒惧、守底线。

（三）对规模性集体访、负面舆情等处置不力，导致事态扩大

规模性集体访、负面舆情等是影响社会稳定的突出风险和隐患，针对规模性集体访、负面舆情等的处置提出责任追究要求，旨在倒逼有关机关、单位强化底线思维，增强风险意识，保持高度警惕，扎实做好风险隐患排查和矛盾化解工作，切实守住底线。

（四）对可能造成社会影响的重大、紧急信访事项和信访信息隐瞒、谎报、缓报，或者未依法及时采取必要措施

本条例第25条规定了各级机关、单位报告信访事项和信访信息义务，明确了重大、紧急信访事项和信访信息的应急报告和应急处理机制，地方各级党委和政府信访部门应当向上一级信访部门报告相关事项和信息，并同时报告国家信访局。本项所称的“隐瞒”，是指发现或者接到了重大、紧急信访事项和信访信息，但因害怕被追究责任，故意不按照本条例或者其他法律、法规的要求向上报告。所称的“谎报”，主要是指将本来十分严重、紧急的情况故意淡化，或者将不严重、紧急的情况报告为很严重、紧急的情况。所称的“缓报”，是指故意不及时报告。所称的“未依法及时采取必要措施”，从行为上看，主要是指未及时果断进行现场处置、未落实有关工作预案等；从结果上看，主要是指导致情况恶化、酿成群体性事件、影响社会稳定等。

（五）将信访人的检举、揭发材料或者有关情况透露、转给被检举、揭发的人员或者单位

本项规定与本条例第28条第3款“各级机关、单位工作人员与信访事项或者信访人有直接利害关系的，应当回避”以及第30条第3款“不得将信访人的检举、揭发材料以及有关情况透露或者转给被检举、揭发的人员或者单位”的规定相对应，是为了规范机关、单位

及其工作人员的行为以保护信访人。禁止行为既包括将记载有关信息的书面材料电子存储设备等物质载体转给被检举、揭发对象，也包括以任何形式披露给被检举、揭发对象，使被检举、揭发对象知晓有关情况。需要注意的是，一些申诉求决类信访事项同时伴随着对有关机关、单位及其工作人员违法犯罪行为的揭露和检举，涉及揭露和检举的内容不应被透露、转给被检举、揭发对象，但转送其中的申诉求决类信访事项不属于本项规定的应予追究责任的情形。

（六）打击报复信访人

本项规定与本条例第 18 条第 4 款“任何组织和个人不得打击报复信访人”的规定相对应。打击报复信访人，主要是指有关机关单位及其工作人员滥用职权，对提出批评、举报、控告、申诉等投诉请求的信访人实施报复陷害。比如，利用职权制造理由或借口，对信访人违规取消低保待遇，非法克扣工资福利，或压制职称评定、职务晋升等。

（七）其他违规违纪违法的情形

本项规定为兜底条款，对有关机关、单位及其领导干部、工作人员处理信访事项的违法违纪责任不属于以上六种情形的作了“兜底”处理，旨在确保信访工作的公正、合法、高效进行，保护信访人的合法权益，维护社会和谐稳定。

关联法规

《中国共产党纪律处分条例》

第四十七条 【信访人扰乱信访工作秩序、诬告陷害等的法律责任】信访人违反本条例第二十条、第二十六条规定的，有关机关、单位工作人员应当对其进行劝阻、批评或者教育。

信访人滋事扰序、缠访闹访情节严重，构成违反治安管理行为的，或者违反集会游行示威相关法律法规的，由公安机关依法采取必要的现场处置措施、给予治安管理处罚；构成犯罪的，依法追究刑事责任。

信访人捏造歪曲事实、诬告陷害他人，构成违反治安管理行为的，依法给予治安管理处罚；构成犯罪的，依法追究刑事责任。

条文注释

本条是关于信访人扰乱信访工作秩序、诬告陷害等的法律责任的规定。

（一）处罚的主体和方式

1. 处罚的主体。处罚的主体包括信访部门、有权处理机关及有关政法部门。其中，劝阻、批评或教育的实施主体是有关机关、单位工作人员，主要是指与信访事项受理、办理直接相关的机关、单位工作人员，包括信访部门有权处理的机关、单位及公安机关的相关工作人员。

采取现场处置措施、给予治安管理处罚的实施主体为公安机关。依法追究刑事责任的实施主体是有关政法部门，包括公安机关、检察机关和审判机关等。

2. 处罚的方式。处罚的方式依据情节轻重逐级递进，从劝阻、批评或教育，到给予治安管理处罚依法追究刑事责任。

（二）滋事扰序、缠访闹访的责任

"滋事扰序、缠访闹访"并非泛化的概念或主观判断，而是对本条例第26条明确的"六个不得"行为的概括，具体运用的情形、法律依据及处罚措施在《关于公安机关处置信访活动中违法犯罪行为适用法律的指导意见》中有详细的列举和规定。对滋事扰序、缠访闹访情节严重的，强调依法严肃处理，既彰显了教育为先、文明执法的理念，又体现了坚决治理滋事扰序、缠访闹访的法治精神和鲜明导向。

（三）诬告陷害的责任

诬告陷害，是指采取捏造事实、伪造材料等方式反映问题，意图使他人受到不良政治影响、名誉损失、经济处罚或其他责任追究的行为。从司法实践看，如不足以引起司法机关追究被害人的刑事责任，可视为情节轻微，一般由公安机关依照治安管理处罚规定给予相应处罚。如捏造的事实足以引起司法机关追究被害人的刑事责任,且具有主观故意,则属情节严重,构成诬告陷害罪,按照《刑法》第243条第1款、第2款的规定进行处理。需要指出的是,共产党员、公职人员诬告陷害他人,符合《中国共产党纪律处分条例》第52条第2款、《公职人员政务处分法》第32条第4项等规定情形的,还应接受相应的党纪、政纪处理。

关联法规

《关于公安机关处置信访活动中违法犯罪行为适用法律的指导意见》

第六章　附　　则

第四十八条　【参照执行】对外国人、无国籍人、外国组织信访事项的处理,参照本条例执行。

条文注释

本条是关于处理外国人、无国籍人、外国组织信访事项时,参照本条例执行的规定。

在处理外国人、无国籍人以及外国组织的信访事项时,应具体参照本条例的相关规定来执行。这一原则明确了在处理上述特殊群体的信访问题时,需遵循与本国公民相同的法规框架,只是在实际操作中需特别注意其涉外性质,并据此作出适当调整。

第四十九条　【解释权归属】本条例由国家信访局负责解释。

条文注释

本条是关于本条例的解释权归属的规定。

本条规定明确了国家信访局在本条例实施过程中的重要角色,即国家信访局负责对本条例进行详细的阐释和解读。这有助于确保各级机关、单位和个人在理解和执行本条例时能够准确把握其精神实质和具体要求,从而推动信访工作的规范化、法治化进程。同时,也体现了国家信访局在信访工作体系中的权威性和专业性。

第五十条　【施行日期】本条例自2022年5月1日起施行。

附录一　法律法规

中华人民共和国宪法(节录)

(1982年12月4日第五届全国人民代表大会第五次会议通过　1982年12月4日全国人民代表大会公告公布施行　根据1988年4月12日第七届全国人民代表大会第一次会议通过的《中华人民共和国宪法修正案》、1993年3月29日第八届全国人民代表大会第一次会议通过的《中华人民共和国宪法修正案》、1999年3月15日第九届全国人民代表大会第二次会议通过的《中华人民共和国宪法修正案》、2004年3月14日第十届全国人民代表大会第二次会议通过的《中华人民共和国宪法修正案》和2018年3月11日第十三届全国人民代表大会第一次会议通过的《中华人民共和国宪法修正案》修正)

第一条　【国体】中华人民共和国是工人阶级领导的、以工农联盟为基础的人民民主专政的社会主义国家。

社会主义制度是中华人民共和国的根本制度。中国共产党领导是中国特色社会主义最本质的特征。禁止任何组织或者个人破坏社会主义制度。

第二条　【政体】中华人民共和国的一切权力属于人民。

人民行使国家权力的机关是全国人民代表大会和地方各级人民代表大会。

人民依照法律规定,通过各种途径和形式,管理国家事务,管理经济和文化事业,管理社会事务。

第五条　【法治原则】中华人民共和国实行依法治国,建设社会主义法治国家。

国家维护社会主义法制的统一和尊严。

一切法律、行政法规和地方性法规都不得同宪法相抵触。

一切国家机关和武装力量、各政党和各社会团体、各企业事业组织都必须遵守宪法和法律。一切违反宪法和法律的行为,必须予以追究。

任何组织或者个人都不得有超越宪法和法律的特权。

第二十七条　【国家机关工作原则及工作人员就职宣誓】一切国家机关实行精简的原则,实行工作责任制,实行工作人员的培训和考核制度,不断提高工作质量和工作效率,反对官僚主义。

一切国家机关和国家工作人员必须依靠人民的支持,经常保持同人民的密切联系,倾听人民的意见和建议,接受人民的监督,努力为人民服务。

国家工作人员就职时应当依照法律规定公开进行宪法宣誓。

第四十一条　【监督权】中华人民共和国公民对于任何国家机关和国家工作人员,有提出批评和建议的权利;对于任何国家机关和国家工作人员的违法失职行为,有向有关国家机关提出申诉、控告或者检举的权利,但是不得捏造或者歪曲事实进行诬告陷害。

对于公民的申诉、控告或者检举,有关国家机关必须查清事实,负责处理。任何人不得压制和打击报复。

由于国家机关和国家工作人员侵犯公民权利而受到损失的人,有依照法律规定取得赔偿的权利。

中华人民共和国
公职人员政务处分法

(2020年6月20日第十三届全国人民代表大会常务委员会第十九次会议通过　2020年6月20日中华人民共和国主席令第46号公布　自2020年7月1日起施行)

目　　录

第一章　总　　则

第二章　政务处分的种类和适用
第三章　违法行为及其适用的政务处分
第四章　政务处分的程序
第五章　复审、复核
第六章　法律责任
第七章　附　　则

第一章　总　　则

第一条　【立法目的和依据】为了规范政务处分,加强对所有行使公权力的公职人员的监督,促进公职人员依法履职、秉公用权、廉洁从政从业、坚持道德操守,根据《中华人民共和国监察法》,制定本法。

第二条　【调整范围】本法适用于监察机关对违法的公职人员给予政务处分的活动。

本法第二章、第三章适用于公职人员任免机关、单位对违法的公职人员给予处分。处分的程序、申诉等适用其他法律、行政法规、国务院部门规章和国家有关规定。

本法所称公职人员,是指《中华人民共和国监察法》第十五条规定的人员。

第三条　【政务处分主体】监察机关应当按照管理权限,加强对公职人员的监督,依法给予违法的公职人员政务处分。

公职人员任免机关、单位应当按照管理权限,加强对公职人员的教育、管理、监督,依法给予违法的公职人员处分。

监察机关发现公职人员任免机关、单位应当给予处分而未给予,或者给予的处分违法、不当的,应当及时提出监察建议。

第四条　【政务处分原则】给予公职人员政务处分,坚持党管干部原则,集体讨论决定;坚持法律面前一律平等,以事实为根据,以法律为准绳,给予的政务处分与违法行为的性质、情节、危害程度相当;坚持惩戒与教育相结合,宽严相济。

第五条　【政务处分的基本要求】给予公职人员政务处分,应当事实清楚、证据确凿、定性准确、处理恰当、程序合法、手续完备。

第六条　【非因法定事由、非经法定程序不受政务处分】公职人员依法履行职责受法律保护，非因法定事由、非经法定程序，不受政务处分。

第二章　政务处分的种类和适用

第七条　【政务处分种类】政务处分的种类为：

（一）警告；

（二）记过；

（三）记大过；

（四）降级；

（五）撤职；

（六）开除。

第八条　【政务处分期间】政务处分的期间为：

（一）警告，六个月；

（二）记过，十二个月；

（三）记大过，十八个月；

（四）降级、撤职，二十四个月。

政务处分决定自作出之日起生效，政务处分期自政务处分决定生效之日起计算。

第九条　【共同违法的政务处分】公职人员二人以上共同违法，根据各自在违法行为中所起的作用和应当承担的法律责任，分别给予政务处分。

第十条　【集体违法的政务处分】有关机关、单位、组织集体作出的决定违法或者实施违法行为的，对负有责任的领导人员和直接责任人员中的公职人员依法给予政务处分。

第十一条　【从轻或者减轻政务处分】公职人员有下列情形之一的，可以从轻或者减轻给予政务处分：

（一）主动交代本人应当受到政务处分的违法行为的；

（二）配合调查，如实说明本人违法事实的；

（三）检举他人违纪违法行为，经查证属实的；

（四）主动采取措施，有效避免、挽回损失或者消除不良影响的；

（五）在共同违法行为中起次要或者辅助作用的；

（六）主动上交或者退赔违法所得的；

（七）法律、法规规定的其他从轻或者减轻情节。

第十二条 【减轻、免予或者不予政务处分】公职人员违法行为情节轻微，且具有本法第十一条规定的情形之一的，可以对其进行谈话提醒、批评教育、责令检查或者予以诫勉，免予或者不予政务处分。

公职人员因不明真相被裹挟或者被胁迫参与违法活动，经批评教育后确有悔改表现的，可以减轻、免予或者不予政务处分。

第十三条 【从重给予政务处分】公职人员有下列情形之一的，应当从重给予政务处分：

（一）在政务处分期内再次故意违法，应当受到政务处分的；

（二）阻止他人检举、提供证据的；

（三）串供或者伪造、隐匿、毁灭证据的；

（四）包庇同案人员的；

（五）胁迫、唆使他人实施违法行为的；

（六）拒不上交或者退赔违法所得的；

（七）法律、法规规定的其他从重情节。

第十四条 【犯罪的公职人员政务处分】公职人员犯罪，有下列情形之一的，予以开除：

（一）因故意犯罪被判处管制、拘役或者有期徒刑以上刑罚（含宣告缓刑）的；

（二）因过失犯罪被判处有期徒刑，刑期超过三年的；

（三）因犯罪被单处或者并处剥夺政治权利的。

因过失犯罪被判处管制、拘役或者三年以下有期徒刑的，一般应当予以开除；案件情况特殊，予以撤职更为适当的，可以不予开除，但是应当报请上一级机关批准。

公职人员因犯罪被单处罚金，或者犯罪情节轻微，人民检察院依法作出不起诉决定或者人民法院依法免予刑事处罚的，予以撤职；造成不良影响的，予以开除。

第十五条 【两个以上违法行为的政务处分】公职人员有两个以上违法行为的，应当分别确定政务处分。应当给予两种以上政务处分的，执行其中最重的政务处分；应当给予撤职以下多个相同政务处分的，可以在一个政务处分期以上、多个政务处分期之和以下确定政务处分期，但是最长不得超过四十八个月。

第十六条　【一事不再罚】对公职人员的同一违法行为，监察机关和公职人员任免机关、单位不得重复给予政务处分和处分。

第十七条　【受组织处理的公职人员政务处分】公职人员有违法行为，有关机关依照规定给予组织处理的，监察机关可以同时给予政务处分。

第十八条　【担任领导职务的公职人员政务处分】担任领导职务的公职人员有违法行为，被罢免、撤销、免去或者辞去领导职务的，监察机关可以同时给予政务处分。

第十九条　【公务员及参公管理人员政务处分】公务员以及参照《中华人民共和国公务员法》管理的人员在政务处分期内，不得晋升职务、职级、衔级和级别；其中，被记过、记大过、降级、撤职的，不得晋升工资档次。被撤职的，按照规定降低职务、职级、衔级和级别，同时降低工资和待遇。

第二十条　【管理公共事务组织中从事公务的人员及公办教育等单位中从事管理的人员政务处分】法律、法规授权或者受国家机关依法委托管理公共事务的组织中从事公务的人员，以及公办的教育、科研、文化、医疗卫生、体育等单位中从事管理的人员，在政务处分期内，不得晋升职务、岗位和职员等级、职称；其中，被记过、记大过、降级、撤职的，不得晋升薪酬待遇等级。被撤职的，降低职务、岗位或者职员等级，同时降低薪酬待遇。

第二十一条　【国有企业管理人员政务处分】国有企业管理人员在政务处分期内，不得晋升职务、岗位等级和职称；其中，被记过、记大过、降级、撤职的，不得晋升薪酬待遇等级。被撤职的，降低职务或者岗位等级，同时降低薪酬待遇。

第二十二条　【基层群众性自治组织中从事管理的人员政务处分】基层群众性自治组织中从事管理的人员有违法行为的，监察机关可以予以警告、记过、记大过。

基层群众性自治组织中从事管理的人员受到政务处分的，应当由县级或者乡镇人民政府根据具体情况减发或者扣发补贴、奖金。

第二十三条　【其他依法履行公职的人员政务处分】《中华人民共和国监察法》第十五条第六项规定的人员有违法行为的，监察机关可以予以警告、记过、记大过。情节严重的，由所在单位直接给予或者监察机关建议有关机关、单位给予降低薪酬待遇、调离岗位、解除人事关系或者劳动关系等处理。

《中华人民共和国监察法》第十五条第二项规定的人员，未担任公务员、参照《中华人民共和国公务员法》管理的人员、事业单位工作人员或者国有企业人员职务的，对其违法行为依照前款规定处理。

第二十四条　【受处分公职人员的从业限制】公职人员被开除，或者依照本法第二十三条规定，受到解除人事关系或者劳动关系处理的，不得录用为公务员以及参照《中华人民共和国公务员法》管理的人员。

第二十五条　【涉案财物及其他利益的处置】公职人员违法取得的财物和用于违法行为的本人财物，除依法应当由其他机关没收、追缴或者责令退赔的，由监察机关没收、追缴或者责令退赔；应当退还原所有人或者原持有人的，依法予以退还；属于国家财产或者不应当退还以及无法退还的，上缴国库。

公职人员因违法行为获得的职务、职级、衔级、级别、岗位和职员等级、职称、待遇、资格、学历、学位、荣誉、奖励等其他利益，监察机关应当建议有关机关、单位、组织按规定予以纠正。

第二十六条　【开除的法律后果及解除政务处分规定】公职人员被开除的，自政务处分决定生效之日起，应当解除其与所在机关、单位的人事关系或者劳动关系。

公职人员受到开除以外的政务处分，在政务处分期内有悔改表现，并且没有再发生应当给予政务处分的违法行为的，政务处分期满后自动解除，晋升职务、职级、衔级、级别、岗位和职员等级、职称、薪酬待遇不再受原政务处分影响。但是，解除降级、撤职的，不恢复原职务、职级、衔级、级别、岗位和职员等级、职称、薪酬待遇。

第二十七条　【处理违法但已退休、离职或死亡的公职人员规定】已经退休的公职人员退休前或者退休后有违法行为的，不再给予政务处分，但是可以对其立案调查；依法应当予以降级、撤职、开除的，应当按照规定相应调整其享受的待遇，对其违法取得的财物和用于违法行为的本人财物依照本法第二十五条的规定处理。

已经离职或者死亡的公职人员在履职期间有违法行为的，依照前款规定处理。

第三章　违法行为及其适用的政务处分

第二十八条　【违反政治纪律行为及政务处分】有下列行为之一的，予以记过或者记大过；情节较重的，予以降级或者撤职；情节严重的，予以开除：

（一）散布有损宪法权威、中国共产党领导和国家声誉的言论的；

（二）参加旨在反对宪法、中国共产党领导和国家的集会、游行、示威等活动的；

（三）拒不执行或者变相不执行中国共产党和国家的路线方针政策、重大决策部署的；

（四）参加非法组织、非法活动的；

（五）挑拨、破坏民族关系，或者参加民族分裂活动的；

（六）利用宗教活动破坏民族团结和社会稳定的；

（七）在对外交往中损害国家荣誉和利益的。

有前款第二项、第四项、第五项和第六项行为之一的，对策划者、组织者和骨干分子，予以开除。

公开发表反对宪法确立的国家指导思想，反对中国共产党领导，反对社会主义制度，反对改革开放的文章、演说、宣言、声明等的，予以开除。

第二十九条　【违反请示报告制度、档案管理制度及政务处分】不按照规定请示、报告重大事项，情节较重的，予以警告、记过或者记大过；情节严重的，予以降级或者撤职。

违反个人有关事项报告规定，隐瞒不报，情节较重的，予以警告、记过或者记大过。

篡改、伪造本人档案资料的，予以记过或者记大过；情节严重的，予以降级或者撤职。

第三十条　【违反民主集中制原则等行为及政务处分】有下列行为之一的，予以警告、记过或者记大过；情节严重的，予以降级或者撤职：

（一）违反民主集中制原则，个人或者少数人决定重大事项，或者拒不执行、擅自改变集体作出的重大决定的；

（二）拒不执行或者变相不执行、拖延执行上级依法作出的决定、命令的。

第三十一条 【违规出境、取得外国国籍等行为及政务处分】违反规定出境或者办理因私出境证件的，予以记过或者记大过；情节严重的，予以降级或者撤职。

违反规定取得外国国籍或者获取境外永久居留资格、长期居留许可的，予以撤职或者开除。

第三十二条 【违反干部人事工作规定行为及政务处分】有下列行为之一的，予以警告、记过或者记大过；情节较重的，予以降级或者撤职；情节严重的，予以开除：

（一）在选拔任用、录用、聘用、考核、晋升、评选等干部人事工作中违反有关规定的；

（二）弄虚作假，骗取职务、职级、衔级、级别、岗位和职员等级、职称、待遇、资格、学历、学位、荣誉、奖励或者其他利益的；

（三）对依法行使批评、申诉、控告、检举等权利的行为进行压制或者打击报复的；

（四）诬告陷害，意图使他人受到名誉损害或者责任追究等不良影响的；

（五）以暴力、威胁、贿赂、欺骗等手段破坏选举的。

第三十三条 【贪污贿赂等行为及政务处分】有下列行为之一的，予以警告、记过或者记大过；情节较重的，予以降级或者撤职；情节严重的，予以开除：

（一）贪污贿赂的；

（二）利用职权或者职务上的影响为本人或者他人谋取私利的；

（三）纵容、默许特定关系人利用本人职权或者职务上的影响谋取私利的。

拒不按照规定纠正特定关系人违规任职、兼职或者从事经营活动，且不服从职务调整的，予以撤职。

第三十四条 【影响公正行使公权力等行为及政务处分】收受可能影响公正行使公权力的礼品、礼金、有价证券等财物的，予以警告、记过或者记大过；情节较重的，予以降级或者撤职；情节严重的，予以开除。

向公职人员及其特定关系人赠送可能影响公正行使公权力的礼品、礼金、有价证券等财物，或者接受、提供可能影响公正行使公权力的宴请、旅游、健身、娱乐等活动安排，情节较重的，予以警告、记过或者记大过；情节严重的，予以降级或者撤职。

第三十五条 【违规发放薪酬、津补贴等行为及政务处分】有下列行为之一，情节较重的，予以警告、记过或者记大过；情节严重的，予以降级或者撤职：

（一）违反规定设定、发放薪酬或者津贴、补贴、奖金的；

（二）违反规定，在公务接待、公务交通、会议活动、办公用房以及其他工作生活保障等方面超标准、超范围的；

（三）违反规定公款消费的。

第三十六条 【违规从事营利性活动及违规兼职等行为及政务处分】违反规定从事或者参与营利性活动，或者违反规定兼任职务、领取报酬的，予以警告、记过或者记大过；情节较重的，予以降级或者撤职；情节严重的，予以开除。

第三十七条 【利用宗族或黑恶势力欺压群众等行为及政务处分】利用宗族或者黑恶势力等欺压群众，或者纵容、包庇黑恶势力活动的，予以撤职；情节严重的，予以开除。

第三十八条 【侵犯管理服务对象利益行为及政务处分】有下列行为之一，情节较重的，予以警告、记过或者记大过；情节严重的，予以降级或者撤职：

（一）违反规定向管理服务对象收取、摊派财物的；

（二）在管理服务活动中故意刁难、吃拿卡要的；

（三）在管理服务活动中态度恶劣粗暴，造成不良后果或者影响的；

（四）不按照规定公开工作信息，侵犯管理服务对象知情权，造成不良后果或者影响的；

（五）其他侵犯管理服务对象利益的行为，造成不良后果或者影响的。

有前款第一项、第二项和第五项行为，情节特别严重的，予以开除。

第三十九条 【滥用职权等行为及政务处分】有下列行为之一，造成不良后果或者影响的，予以警告、记过或者记大过；情节较重的，予以降级或者撤职；情节严重的，予以开除：

（一）滥用职权，危害国家利益、社会公共利益或者侵害公民、法人、其他组织合法权益的；

（二）不履行或者不正确履行职责，玩忽职守，贻误工作的；

（三）工作中有形式主义、官僚主义行为的；

（四）工作中有弄虚作假，误导、欺骗行为的；

（五）泄露国家秘密、工作秘密，或者泄露因履行职责掌握的商业秘密、个人隐私的。

第四十条 【违反社会公序良俗、赌博、吸毒等行为及政务处分】有下列行为之一的，予以警告、记过或者记大过；情节较重的，予以降级或者撤职；情节严重的，予以开除：

（一）违背社会公序良俗，在公共场所有不当行为，造成不良影响的；

（二）参与或者支持迷信活动，造成不良影响的；

（三）参与赌博的；

（四）拒不承担赡养、抚养、扶养义务的；

（五）实施家庭暴力，虐待、遗弃家庭成员的；

（六）其他严重违反家庭美德、社会公德的行为。

吸食、注射毒品，组织赌博，组织、支持、参与卖淫、嫖娼、色情淫乱活动的，予以撤职或者开除。

第四十一条 【其他违法行为政务处分的兜底条款】公职人员有其他违法行为，影响公职人员形象，损害国家和人民利益的，可以根据情节轻重给予相应政务处分。

第四章 政务处分的程序

第四十二条 【监察机关收集证据规定】监察机关对涉嫌违法的公职人员进行调查，应当由二名以上工作人员进行。监察机关进行调查时，有权依法向有关单位和个人了解情况，收集、调取证据。有关单位和个人应当如实提供情况。

严禁以威胁、引诱、欺骗及其他非法方式收集证据。以非法方式收集的证据不得作为给予政务处分的依据。

第四十三条 【监察机关告知义务及听取陈述申辩】作出政务处分决定前，监察机关应当将调查认定的违法事实及拟给予政务处分的依据告知被调查人，听取被调查人的陈述和申辩，并对其陈述的事实、理由和证据进行核实，记录在案。被调查人提出的事实、理由和证据成立的，应予采纳。不得因被调查人的申辩而加重政务处分。

第四十四条 【调查终结后的案件处理】调查终结后，监察机关应当根据下列不同情况，分别作出处理：

（一）确有应受政务处分的违法行为的，根据情节轻重，按照政务处分决定权限，履行规定的审批手续后，作出政务处分决定；

（二）违法事实不能成立的，撤销案件；

（三）符合免予、不予政务处分条件的，作出免予、不予政务处分决定；

（四）被调查人涉嫌其他违法或者犯罪行为的，依法移送主管机关处理。

第四十五条 【政务处分决定书】决定给予政务处分的，应当制作政务处分决定书。

政务处分决定书应当载明下列事项：

（一）被处分人的姓名、工作单位和职务；

（二）违法事实和证据；

（三）政务处分的种类和依据；

（四）不服政务处分决定，申请复审、复核的途径和期限；

（五）作出政务处分决定的机关名称和日期。

政务处分决定书应当盖有作出决定的监察机关的印章。

第四十六条 【政务处分决定书的送达宣布】政务处分决定书应当及时送达被处分人和被处分人所在机关、单位，并在一定范围内宣布。

作出政务处分决定后，监察机关应当根据被处分人的具体身份书面告知相关的机关、单位。

第四十七条 【回避制度】参与公职人员违法案件调查、处理的人员有下列情形之一的，应当自行回避，被调查人、检举人及其他有关人员也有权要求其回避：

（一）是被调查人或者检举人的近亲属的；

（二）担任过本案的证人的；

（三）本人或者其近亲属与调查的案件有利害关系的；

（四）可能影响案件公正调查、处理的其他情形。

第四十八条 【回避的决定程序】监察机关负责人的回避，由上级监察机关决定；其他参与违法案件调查、处理人员的回避，由监察机关负责人决定。

监察机关或者上级监察机关发现参与违法案件调查、处理人员有应当回避情形的，可以直接决定该人员回避。

第四十九条　【政务处分与刑事追责及行政处罚的衔接】公职人员依法受到刑事责任追究的，监察机关应当根据司法机关的生效判决、裁定、决定及其认定的事实和情节，依照本法规定给予政务处分。

公职人员依法受到行政处罚，应当给予政务处分的，监察机关可以根据行政处罚决定认定的事实和情节，经立案调查核实后，依照本法给予政务处分。

监察机关根据本条第一款、第二款的规定作出政务处分后，司法机关、行政机关依法改变原生效判决、裁定、决定等，对原政务处分决定产生影响的，监察机关应当根据改变后的判决、裁定、决定等重新作出相应处理。

第五十条　【政务处分的前置程序和通报程序】监察机关对经各级人民代表大会、县级以上各级人民代表大会常务委员会选举或者决定任命的公职人员予以撤职、开除的，应当先依法罢免、撤销或者免去其职务，再依法作出政务处分决定。

监察机关对经中国人民政治协商会议各级委员会全体会议或者其常务委员会选举或者决定任命的公职人员予以撤职、开除的，应当先依章程免去其职务，再依法作出政务处分决定。

监察机关对各级人民代表大会代表、中国人民政治协商会议各级委员会委员给予政务处分的，应当向有关的人民代表大会常务委员会，乡、民族乡、镇的人民代表大会主席团或者中国人民政治协商会议委员会常务委员会通报。

第五十一条　【指定管辖中的政务处分决定主体】下级监察机关根据上级监察机关的指定管辖决定进行调查的案件，调查终结后，对不属于本监察机关管辖范围内的监察对象，应当交有管理权限的监察机关依法作出政务处分决定。

第五十二条　【被立案调查期间的特殊要求】公职人员涉嫌违法，已经被立案调查，不宜继续履行职责的，公职人员任免机关、单位可以决定暂停其履行职务。

公职人员在被立案调查期间，未经监察机关同意，不得出境、辞去公职；被调查公职人员所在机关、单位及上级机关、单位不得对其交流、晋升、奖励、处分或者办理退休手续。

第五十三条 **【澄清正名】**监察机关在调查中发现公职人员受到不实检举、控告或者诬告陷害,造成不良影响的,应当按照规定及时澄清事实,恢复名誉,消除不良影响。

第五十四条 **【政务处分存档及待遇变更】**公职人员受到政务处分的,应当将政务处分决定书存入其本人档案。对于受到降级以上政务处分的,应当由人事部门按照管理权限在作出政务处分决定后一个月内办理职务、工资及其他有关待遇等的变更手续;特殊情况下,经批准可以适当延长办理期限,但是最长不得超过六个月。

第五章 复审、复核

第五十五条 **【复审复核】**公职人员对监察机关作出的涉及本人的政务处分决定不服的,可以依法向作出决定的监察机关申请复审;公职人员对复审决定仍不服的,可以向上一级监察机关申请复核。

监察机关发现本机关或者下级监察机关作出的政务处分决定确有错误的,应当及时予以纠正或者责令下级监察机关及时予以纠正。

第五十六条 **【复审复核期间政务处分效力及复审复核不加重处分】**复审、复核期间,不停止原政务处分决定的执行。

公职人员不因提出复审、复核而被加重政务处分。

第五十七条 **【撤销政务处分决定情形】**有下列情形之一的,复审、复核机关应当撤销原政务处分决定,重新作出决定或者责令原作出决定的监察机关重新作出决定:

(一)政务处分所依据的违法事实不清或者证据不足的;

(二)违反法定程序,影响案件公正处理的;

(三)超越职权或者滥用职权作出政务处分决定的。

第五十八条 **【变更政务处分决定情形】**有下列情形之一的,复审、复核机关应当变更原政务处分决定,或者责令原作出决定的监察机关予以变更:

(一)适用法律、法规确有错误的;

(二)对违法行为的情节认定确有错误的;

(三)政务处分不当的。

第五十九条　【维持政务处分决定情形】复审、复核机关认为政务处分决定认定事实清楚，适用法律正确的，应当予以维持。

第六十条　【撤销、变更政务处分后的职务、待遇等的调整、补偿】公职人员的政务处分决定被变更，需要调整该公职人员的职务、职级、衔级、级别、岗位和职员等级或者薪酬待遇等的，应当按照规定予以调整。政务处分决定被撤销的，应当恢复该公职人员的级别、薪酬待遇，按照原职务、职级、衔级、岗位和职员等级安排相应的职务、职级、衔级、岗位和职员等级，并在原政务处分决定公布范围内为其恢复名誉。没收、追缴财物错误的，应当依法予以返还、赔偿。

公职人员因有本法第五十七条、第五十八条规定的情形被撤销政务处分或者减轻政务处分的，应当对其薪酬待遇受到的损失予以补偿。

第六章　法律责任

第六十一条　【拒不采纳监察建议及处理】有关机关、单位无正当理由拒不采纳监察建议的，由其上级机关、主管部门责令改正，对该机关、单位给予通报批评，对负有责任的领导人员和直接责任人员依法给予处理。

第六十二条　【拒不执行政务处分等情形及处理】有关机关、单位、组织或者人员有下列情形之一的，由其上级机关，主管部门，任免机关、单位或者监察机关责令改正，依法给予处理：

（一）拒不执行政务处分决定的；

（二）拒不配合或者阻碍调查的；

（三）对检举人、证人或者调查人员进行打击报复的；

（四）诬告陷害公职人员的；

（五）其他违反本法规定的情形。

第六十三条　【监察机关滥用职权等行为及处理】监察机关及其工作人员有下列情形之一的，对负有责任的领导人员和直接责任人员依法给予处理：

（一）违反规定处置问题线索的；

（二）窃取、泄露调查工作信息，或者泄露检举事项、检举受理情况以及检举人信息的；

（三）对被调查人或者涉案人员逼供、诱供，或者侮辱、打骂、虐待、体罚或者变相体罚的；

（四）收受被调查人或者涉案人员的财物以及其他利益的；

（五）违反规定处置涉案财物的；

（六）违反规定采取调查措施的；

（七）利用职权或者职务上的影响干预调查工作、以案谋私的；

（八）违反规定发生办案安全事故，或者发生安全事故后隐瞒不报、报告失实、处置不当的；

（九）违反回避等程序规定，造成不良影响的；

（十）不依法受理和处理公职人员复审、复核的；

（十一）其他滥用职权、玩忽职守、徇私舞弊的行为。

第六十四条 【刑事责任】违反本法规定，构成犯罪的，依法追究刑事责任。

第七章 附 则

第六十五条 【制定具体规定的授权】国务院及其相关主管部门根据本法的原则和精神，结合事业单位、国有企业等的实际情况，对事业单位、国有企业等的违法的公职人员处分事宜作出具体规定。

第六十六条 【对中央军委的立法授权】中央军事委员会可以根据本法制定相关具体规定。

第六十七条 【时间效力】本法施行前，已结案的案件如果需要复审、复核，适用当时的规定。尚未结案的案件，如果行为发生时的规定不认为是违法的，适用当时的规定；如果行为发生时的规定认为是违法的，依照当时的规定处理，但是如果本法不认为是违法或者根据本法处理较轻的，适用本法。

第六十八条 【施行日期】本法自 2020 年 7 月 1 日起施行。

中国共产党纪律处分条例

（2003年12月23日中共中央政治局会议审议批准　2003年12月31日中共中央发布　2023年12月8日中共中央政治局会议第三次修订　2023年12月19日中共中央发布）

第一编　总　　则

第一章　总体要求和适用范围

第一条　为了维护党章和其他党内法规，严肃党的纪律，纯洁党的组织，保障党员民主权利，教育党员遵纪守法，维护党的团结统一，保证党的理论、路线、方针、政策、决议和国家法律法规的贯彻执行，根据《中国共产党章程》，制定本条例。

第二条　党的纪律建设必须坚持以马克思列宁主义、毛泽东思想、邓小平理论、“三个代表”重要思想、科学发展观、习近平新时代中国特色社会主义思想为指导，坚持和加强党的全面领导，坚决维护习近平总书记党中央的核心、全党的核心地位，坚决维护以习近平同志为核心的党中央权威和集中统一领导，弘扬伟大建党精神，坚持自我革命，贯彻全面从严治党战略方针，落实新时代党的建设总要求，推动解决大党独有难题、健全全面从严治党体系，全面加强党的纪律建设，为以中国式现代化全面推进强国建设、民族复兴伟业提供坚强纪律保障。

第三条　党章是最根本的党内法规，是管党治党的总规矩。党的纪律是党的各级组织和全体党员必须遵守的行为规则。党组织和党员必须坚守初心使命，牢固树立政治意识、大局意识、核心意识、看齐意识，始终坚定道路自信、理论自信、制度自信、文化自信，切实践行正确的权力观、政绩观、事业观，自觉遵守和维护党章,严格执行和维护党的纪律,自觉接受党的纪律约束,模范遵守国家法律法规。

第四条 党的纪律处分工作遵循下列原则:

(一)坚持党要管党、全面从严治党。把严的基调、严的措施、严的氛围长期坚持下去,加强对党的各级组织和全体党员的教育、管理和监督,把纪律挺在前面,抓早抓小、防微杜渐。

(二)党纪面前一律平等。对违犯党纪的党组织和党员必须严肃、公正执行纪律,党内不允许有任何不受纪律约束的党组织和党员。

(三)实事求是。对党组织和党员违犯党纪的行为,应当以事实为依据,以党章、其他党内法规和国家法律法规为准绳,执纪执法贯通,准确认定行为性质,区别不同情况,恰当予以处理。

(四)民主集中制。实施党纪处分,应当按照规定程序经党组织集体讨论决定,不允许任何个人或者少数人擅自决定和批准。上级党组织对违犯党纪的党组织和党员作出的处理决定,下级党组织必须执行。

(五)惩前毖后、治病救人。处理违犯党纪的党组织和党员,应当实行惩戒与教育相结合,做到宽严相济。

第五条 深化运用监督执纪"四种形态",经常开展批评和自我批评,及时进行谈话提醒、批评教育、责令检查、诫勉,让"红红脸、出出汗"成为常态;党纪轻处分、组织调整成为违纪处理的大多数;党纪重处分、重大职务调整的成为少数;严重违纪涉嫌犯罪追究刑事责任的成为极少数。

第六条 本条例适用于违犯党纪应当受到党纪责任追究的党组织和党员。

第二章 违纪与纪律处分

第七条 党组织和党员违反党章和其他党内法规,违反国家法律法规,违反党和国家政策,违反社会主义道德,危害党、国家和人民利益的行为,依照规定应当给予纪律处理或者处分的,都必须受到追究。

重点查处党的十八大以来不收敛、不收手,问题线索反映集中、群众反映强烈,政治问题和经济问题交织的腐败案件,违反中央八项规定精神的问题。

第八条 对党员的纪律处分种类:

（一）警告；

（二）严重警告；

（三）撤销党内职务；

（四）留党察看；

（五）开除党籍。

第九条 对于违犯党纪的党组织，上级党组织应当责令其作出书面检查或者给予通报批评。对于严重违犯党纪、本身又不能纠正的党组织，上一级党的委员会在查明核实后，根据情节严重的程度，可以予以：

（一）改组；

（二）解散。

第十条 党员受到警告处分一年内、受到严重警告处分一年半内，不得在党内提拔职务或者进一步使用，也不得向党外组织推荐担任高于其原任职务的党外职务或者进一步使用。

第十一条 撤销党内职务处分，是指撤销受处分党员由党内选举或者组织任命的党内职务。对于在党内担任两个以上职务的，党组织在作处分决定时，应当明确是撤销其一切职务还是一个或者几个职务。如果决定撤销其一个职务，必须撤销其担任的最高职务。如果决定撤销其两个以上职务，则必须从其担任的最高职务开始依次撤销。对于在党外组织担任职务的，应当建议党外组织撤销其党外职务。

对于在立案审查中因涉嫌违犯党纪被免职的党员，审查后依照本条例规定应当给予撤销党内职务处分的，应当按照其原任职务给予撤销党内职务处分。对于应当受到撤销党内职务处分，但是本人没有担任党内职务的，应当给予其严重警告处分。同时，在党外组织担任职务的，应当建议党外组织撤销其党外职务。

党员受到撤销党内职务处分，或者依照前款规定受到严重警告处分的，二年内不得在党内担任和向党外组织推荐担任与其原任职务相当或者高于其原任职务的职务。

第十二条 留党察看处分，分为留党察看一年、留党察看二年。对于受到留党察看处分一年的党员，期满后仍不符合恢复党员权利条件的，应当延长一年留党察看期限。留党察看期限最长不得超过二年。

党员受留党察看处分期间，没有表决权、选举权和被选举权。留党察看期间,确有悔改表现的,期满后恢复其党员权利;坚持不改或者又发现其他应当受到党纪处分的违纪行为的,应当开除党籍。

党员受到留党察看处分,其党内职务自然撤销。对于担任党外职务的,应当建议党外组织撤销其党外职务。受到留党察看处分的党员,恢复党员权利后二年内,不得在党内担任和向党外组织推荐担任与其原任职务相当或者高于其原任职务的职务。

第十三条 党员受到开除党籍处分,五年内不得重新入党,也不得推荐担任与其原任职务相当或者高于其原任职务的党外职务。另有规定不准重新入党的,依照规定。

第十四条 党员干部受到党纪处分,需要同时进行组织处理的,党组织应当按照规定给予组织处理。

党的各级代表大会的代表受到留党察看以上处分的,党组织应当终止其代表资格。

第十五条 对于受到改组处理的党组织领导机构成员,除应当受到撤销党内职务以上处分的外,均自然免职。

第十六条 对于受到解散处理的党组织中的党员,应当逐个审查。其中,符合党员条件的,应当重新登记,并参加新的组织过党的生活;不符合党员条件的,应当对其进行教育、限期改正,经教育仍无转变的,予以劝退或者除名;有违纪行为的,依照规定予以追究。

第三章 纪律处分运用规则

第十七条 有下列情形之一的,可以从轻或者减轻处分:

(一)主动交代本人应当受到党纪处分的问题;

(二)在组织谈话函询、初步核实、立案审查过程中,能够配合核实审查工作,如实说明本人违纪违法事实;

(三)检举同案人或者其他人应当受到党纪处分或者法律追究的问题,经查证属实,或者有其他立功表现;

(四)主动挽回损失、消除不良影响或者有效阻止危害结果发生;

(五)主动上交或者退赔违纪所得;

(六)党内法规规定的其他从轻或者减轻处分情形。

第十八条 根据案件的特殊情况，由中央纪委决定或者经省（部）级纪委（不含副省级市纪委）决定并呈报中央纪委批准，对违纪党员也可以在本条例规定的处分幅度以外减轻处分。

第十九条 对于党员违犯党纪应当给予警告或者严重警告处分，但是具有本条例第十七条规定的情形之一或者本条例分则中另有规定的，可以给予批评教育、责令检查、诫勉或者组织处理，免予党纪处分。对违纪党员免予处分，应当作出书面结论。

党员有作风纪律方面的苗头性、倾向性问题或者违犯党纪情节轻微的，可以给予谈话提醒、批评教育、责令检查等，或者予以诫勉，不予党纪处分。

党员行为虽然造成损失或者后果，但不是出于故意或者过失，而是由于不可抗力等原因所引起的，不追究党纪责任。

第二十条 有下列情形之一的，应当从重或者加重处分：

（一）强迫、唆使他人违纪；

（二）拒不上交或者退赔违纪所得；

（三）违纪受处分后又因故意违纪应当受到党纪处分；

（四）违纪受处分后，又被发现其受处分前没有交代的其他应当受到党纪处分的问题；

（五）党内法规规定的其他从重或者加重处分情形。

第二十一条 党员在党纪处分影响期内又受到党纪处分的，其影响期为原处分尚未执行的影响期与新处分影响期之和。

第二十二条 从轻处分，是指在本条例规定的违纪行为应当受到的处分幅度以内，给予较轻的处分。

从重处分，是指在本条例规定的违纪行为应当受到的处分幅度以内，给予较重的处分。

第二十三条 减轻处分，是指在本条例规定的违纪行为应当受到的处分幅度以外，减轻一档给予处分。

加重处分，是指在本条例规定的违纪行为应当受到的处分幅度以外，加重一档给予处分。

本条例规定的只有开除党籍处分一个档次的违纪行为，不适用第一款减轻处分的规定。

第二十四条 一人有本条例规定的两种以上应当受到党纪处分的违纪

行为,应当合并处理,按其数种违纪行为中应当受到的最高处分加重一档给予处分;其中一种违纪行为应当受到开除党籍处分的,应当给予开除党籍处分。

第二十五条 一个违纪行为同时触犯本条例两个以上条款的,依照处分较重的条款定性处理。

一个条款规定的违纪构成要件全部包含在另一个条款规定的违纪构成要件中,特别规定与一般规定不一致的,适用特别规定。

第二十六条 二人以上共同故意违纪的,对为首者,从重处分,本条例另有规定的除外;对其他成员,按照其在共同违纪中所起的作用和应负的责任,分别给予处分。

对于经济方面共同违纪的,按照个人参与数额及其所起作用,分别给予处分。对共同违纪的为首者,情节严重的,按照共同违纪的总数额处分。

教唆他人违纪的,应当按照其在共同违纪中所起的作用追究党纪责任。

第二十七条 党组织领导机构集体作出违犯党纪的决定或者实施其他违犯党纪的行为,对具有共同故意的成员,按共同违纪处理;对过失违纪的成员,按照各自在集体违纪中所起的作用和应负的责任分别给予处分。

第四章 对违法犯罪党员的纪律处分

第二十八条 对违法犯罪的党员,应当按照规定给予党纪处分,做到适用纪律和适用法律有机融合,党纪政务等处分相匹配。

第二十九条 党组织在纪律审查中发现党员有贪污贿赂、滥用职权、玩忽职守、权力寻租、利益输送、徇私舞弊、浪费国家资财等违反法律涉嫌犯罪行为的,应当给予撤销党内职务、留党察看或者开除党籍处分。

第三十条 党组织在纪律审查中发现党员有刑法规定的行为,虽不构成犯罪但须追究党纪责任的,或者有其他破坏社会主义市场经济秩序、违反治安管理等违法行为,损害党、国家和人民利益的,应当视具体情节给予警告直至开除党籍处分。

违反国家财经纪律,在公共资金收支、税务管理、国有资产管理、政府采购管理、金融管理、财务会计管理等财经活动中有违法行为的,依照前款规定处理。

党员有嫖娼或者吸食、注射毒品等丧失党员条件，严重败坏党的形象行为的，应当给予开除党籍处分。

第三十一条　党组织在纪律审查中发现党员严重违纪涉嫌违法犯罪的，原则上先作出党纪处分决定，并按照规定由监察机关给予政务处分或者由任免机关（单位）给予处分后，再移送有关国家机关依法处理。

第三十二条　党员被依法留置、逮捕的，党组织应当按照管理权限中止其表决权、选举权和被选举权等党员权利。根据监察机关、司法机关处理结果，可以恢复其党员权利的，应当及时予以恢复。

第三十三条　党员犯罪情节轻微，人民检察院依法作出不起诉决定的，或者人民法院依法作出有罪判决并免予刑事处罚的，应当给予撤销党内职务、留党察看或者开除党籍处分。

党员犯罪，被单处罚金的，依照前款规定处理。

第三十四条　党员犯罪，有下列情形之一的，应当给予开除党籍处分：

（一）因故意犯罪被依法判处刑法规定的主刑（含宣告缓刑）；

（二）被单处或者附加剥夺政治权利；

（三）因过失犯罪，被依法判处三年以上（不含三年）有期徒刑。

因过失犯罪被判处三年以下有期徒刑或者被判处管制、拘役的，一般应当开除党籍。对于个别可以不开除党籍的，应当对照处分违纪党员批准权限的规定，报请再上一级党组织批准。

第三十五条　党员依法受到刑事责任追究的，党组织应当根据司法机关的生效判决、裁定、决定及其认定的事实、性质和情节，依照本条例规定给予党纪处分，是公职人员的由监察机关给予相应政务处分或者由任免机关（单位）给予相应处分。

党员依法受到政务处分、任免机关（单位）给予的处分、行政处罚，应当追究党纪责任的，党组织可以根据生效的处分、行政处罚决定认定的事实、性质和情节，经核实后依照规定给予相应党纪处分或者组织处理。其中，党员依法受到撤职以上处分的，应当依照本条例规定给予撤销党内职务以上处分。

党员违反国家法律法规、企事业单位或者其他社会组织的规章制度受到其他处分，应当追究党纪责任的，党组织在对有关方面认定的事实、性质和情节进行核实后，依照规定给予相应党纪处分或者组织处理。

党组织作出党纪处分或者组织处理决定后，监察机关、司法机关、行政机关等依法改变原生效判决、裁定、决定等，对原党纪处分或者组织处理决定产生影响的，党组织应当根据改变后的生效判决、裁定、决定等重新作出相应处理。

第五章　其他规定

第三十六条　预备党员违犯党纪，情节较轻，可以保留预备党员资格的，党组织应当对其批评教育或者延长预备期；情节较重的，应当取消其预备党员资格。

第三十七条　对违纪后下落不明的党员，应当区别情况作出处理：

（一）对有严重违纪行为，应当给予开除党籍处分的，党组织应当作出决定，开除其党籍；

（二）除前项规定的情况外，下落不明时间超过六个月的，党组织应当按照党章规定对其予以除名。

第三十八条　违纪党员在党组织作出处分决定前死亡，或者在死亡之后发现其曾有严重违纪行为，对于应当给予开除党籍处分的，开除其党籍；对于应当给予留党察看以下处分的，作出违犯党纪的书面结论和相应处理。

第三十九条　违纪行为有关责任人员的区分：

（一）直接责任者，是指在其职责范围内，不履行或者不正确履行自己的职责，对造成的损失或者后果起决定性作用的党员或者党员领导干部；

（二）主要领导责任者，是指在其职责范围内，对主管的工作不履行或者不正确履行职责，对造成的损失或者后果负直接领导责任的党员领导干部；

（三）重要领导责任者，是指在其职责范围内，对应管的工作或者参与决定的工作不履行或者不正确履行职责，对造成的损失或者后果负次要领导责任的党员领导干部。

本条例所称领导责任者，包括主要领导责任者和重要领导责任者。

第四十条　本条例所称主动交代，是指涉嫌违纪的党员在组织谈话函询、初步核实前向有关组织交代自己的问题，或者在谈话函询、初步核实和立案审查期间交代组织未掌握的问题。

第四十一条　担任职级、单独职务序列等级的党员干部违犯党纪受到处分,需要对其职级、单独职务序列等级进行调整的,参照本条例关于党外职务的规定执行。

第四十二条　计算经济损失应当计算立案时已经实际造成的全部财产损失,包括为挽回违纪行为所造成损失而支付的各种开支、费用。立案后至处理前持续发生的经济损失,应当一并计算在内。

第四十三条　对于违纪行为所获得的经济利益,应当收缴或者责令退赔。对于主动上交的违纪所得和经济损失赔偿,应当予以接收,并按照规定收缴或者返还有关单位、个人。

对于违纪行为所获得的职务、职级、职称、学历、学位、奖励、资格等其他利益,应当由承办案件的纪检机关或者由其上级纪检机关建议有关组织、部门、单位按照规定予以纠正。

对于依照本条例第三十七条、第三十八条规定处理的党员,经调查确属其实施违纪行为获得的利益,依照本条规定处理。

第四十四条　党纪处分决定作出后,应当在一个月内向受处分党员所在党的基层组织中的全体党员及其本人宣布,是领导班子成员的还应当向所在党组织领导班子宣布,并按照干部管理权限和组织关系将处分决定材料归入受处分者档案;对于受到撤销党内职务以上处分的,还应当在一个月内办理职务、工资、工作及其他有关待遇等相应变更手续;涉及撤销或者调整其党外职务的,应当建议党外组织及时撤销或者调整其党外职务。特殊情况下,经作出或者批准作出处分决定的组织批准,可以适当延长办理期限。办理期限最长不得超过六个月。

第四十五条　执行党纪处分决定的机关或者受处分党员所在单位,应当在六个月内将处分决定的执行情况向作出或者批准处分决定的机关报告。

党员对所受党纪处分不服的,可以依照党章及有关规定提出申诉。

第四十六条　党员因违犯党纪受到处分,影响期满后,党组织无需取消对其的处分。

第四十七条　本条例所称以上、以下,除有特别标明外均含本级、本数。

第四十八条　本条例总则适用于有党纪处分规定的其他党内法规,但是中共中央发布或者批准发布的其他党内法规有特别规定的除外。

第二编　分　　则

第六章　对违反政治纪律行为的处分

第四十九条　在重大原则问题上不同党中央保持一致且有实际言论、行为或者造成不良后果的，给予警告或者严重警告处分；情节较重的，给予撤销党内职务或者留党察看处分；情节严重的，给予开除党籍处分。

第五十条　通过网络、广播、电视、报刊、传单、书籍等，或者利用讲座、论坛、报告会、座谈会等方式，公开发表坚持资产阶级自由化立场、反对四项基本原则，反对党的改革开放决策的文章、演说、宣言、声明等的，给予开除党籍处分。

发布、播出、刊登、出版前款所列文章、演说、宣言、声明等或者为上述行为提供方便条件的，对直接责任者和领导责任者，给予严重警告或者撤销党内职务处分；情节严重的，给予留党察看或者开除党籍处分。

第五十一条　通过网络、广播、电视、报刊、传单、书籍等，或者利用讲座、论坛、报告会、座谈会等方式，有下列行为之一，情节较轻的，给予警告或者严重警告处分；情节较重的，给予撤销党内职务或者留党察看处分；情节严重的，给予开除党籍处分：

（一）公开发表违背四项基本原则，违背、歪曲党的改革开放决策，或者其他有严重政治问题的文章、演说、宣言、声明等；

（二）妄议党中央大政方针，破坏党的集中统一；

（三）丑化党和国家形象，或者诋毁、诬蔑党和国家领导人、英雄模范，或者歪曲党的历史、中华人民共和国历史、人民军队历史。

发布、播出、刊登、出版前款所列内容或者为上述行为提供方便条件的，对直接责任者和领导责任者，给予严重警告或者撤销党内职务处分；情节严重的，给予留党察看或者开除党籍处分。

第五十二条　制作、贩卖、传播第五十条、第五十一条所列内容之一的报刊、书籍、音像制品、电子读物，以及网络文本、图片、音频、视频资料等，情节较轻的，给予警告或者严重警告处分；情节较重的，给予撤销党内职务或者留党察看处分;情节严重的,给予开除党籍处分。

私自携带、寄递第五十条、第五十一条所列内容之一的报刊、书籍、音像制品、电子读物等入出境,情节较重的,给予警告或者严重警告处分;情节严重的,给予撤销党内职务、留党察看或者开除党籍处分。

私自阅看、浏览、收听第五十条、第五十一条所列内容之一的报刊、书籍、音像制品、电子读物,以及网络文本、图片、音频、视频资料等,情节严重的,给予警告、严重警告或者撤销党内职务处分。

第五十三条　在党内组织秘密集团或者组织其他分裂党的活动的,给予开除党籍处分。

参加秘密集团或者参加其他分裂党的活动的,给予留党察看或者开除党籍处分。

第五十四条　在党内搞团团伙伙、结党营私、拉帮结派、政治攀附、培植个人势力等非组织活动,或者通过搞利益交换、为自己营造声势等活动捞取政治资本的,给予严重警告或者撤销党内职务处分;导致本地区、本部门、本单位政治生态恶化的,给予留党察看或者开除党籍处分。

第五十五条　搞投机钻营,结交政治骗子或者被政治骗子利用的,给予严重警告或者撤销党内职务处分;情节严重的,给予留党察看或者开除党籍处分。

充当政治骗子的,给予撤销党内职务、留党察看或者开除党籍处分。

第五十六条　党员领导干部在本人主政的地方或者分管的部门自行其是,搞山头主义,拒不执行党中央确定的大政方针,甚至背着党中央另搞一套的,给予撤销党内职务、留党察看或者开除党籍处分。

贯彻党中央决策部署只表态不落实,或者落实党中央决策部署不坚决,打折扣、搞变通,在政治上造成不良影响或者严重后果的,给予警告或者严重警告处分;情节严重的,给予撤销党内职务、留党察看或者开除党籍处分。

不顾党和国家大局,搞部门或者地方保护主义的,依照前款规定处理。

第五十七条　党员领导干部政绩观错位,违背新发展理念、背离高质量发展要求,给党、国家和人民利益造成较大损失的,给予警告或者严重警告处分;情节较重的,给予撤销党内职务或者留党察看处分;情节严重的,给予开除党籍处分。

搞劳民伤财的“形象工程”、“政绩工程”的,从重或者加重处分。

第五十八条　对党不忠诚不老实，表里不一，阳奉阴违，欺上瞒下，搞两面派，做两面人，在政治上造成不良影响的，给予警告或者严重警告处分；情节较重的，给予撤销党内职务或者留党察看处分；情节严重的，给予开除党籍处分。

第五十九条　制造、散布、传播政治谣言，破坏党的团结统一的，给予警告或者严重警告处分；情节较重的，给予撤销党内职务或者留党察看处分；情节严重的，给予开除党籍处分。

政治品行恶劣，匿名诬告，有意陷害或者制造其他谣言，造成损害或者不良影响的，依照前款规定处理。

第六十条　擅自对应当由党中央决定的重大政策问题作出决定、对外发表主张的，对直接责任者和领导责任者，给予严重警告或者撤销党内职务处分；情节严重的，给予留党察看或者开除党籍处分。

第六十一条　不按照有关规定向组织请示、报告重大事项，对直接责任者和领导责任者，情节较重的，给予警告或者严重警告处分；情节严重的，给予撤销党内职务或者留党察看处分。

第六十二条　干扰巡视巡察工作或者不落实巡视巡察整改要求，对直接责任者和领导责任者，情节较轻的，给予警告或者严重警告处分；情节较重的，给予撤销党内职务或者留党察看处分；情节严重的，给予开除党籍处分。

第六十三条　对抗组织审查，有下列行为之一的，给予警告或者严重警告处分；情节较重的，给予撤销党内职务或者留党察看处分；情节严重的，给予开除党籍处分：

（一）串供或者伪造、销毁、转移、隐匿证据；

（二）阻止他人揭发检举、提供证据材料；

（三）包庇同案人员；

（四）向组织提供虚假情况，掩盖事实；

（五）其他对抗组织审查行为。

第六十四条　组织、参加反对党的基本理论、基本路线、基本方略或者重大方针政策的集会、游行、示威等活动的，或者以组织讲座、论坛、报告会、座谈会等方式，反对党的基本理论、基本路线、基本方略或者重大方针政策，造成严重不良影响的，对策划者、组织者和骨干分子，给予开除党籍处分。

对其他参加人员或者以提供信息、资料、财物、场地等方式支持上述活动者，情节较轻的，给予警告或者严重警告处分；情节较重的，给予撤销党内职务或者留党察看处分；情节严重的，给予开除党籍处分。

对不明真相被裹挟参加，经批评教育后确有悔改表现的，可以免予处分或者不予处分。

未经组织批准参加其他集会、游行、示威等活动，情节较轻的，给予警告或者严重警告处分；情节较重的，给予撤销党内职务或者留党察看处分；情节严重的，给予开除党籍处分。

第六十五条　组织、参加旨在反对党的领导、反对社会主义制度或者敌视政府等组织的，对策划者、组织者和骨干分子，给予开除党籍处分。

对其他参加人员，情节较轻的，给予警告或者严重警告处分；情节较重的，给予撤销党内职务或者留党察看处分；情节严重的，给予开除党籍处分。

第六十六条　组织、参加会道门或者邪教组织的，对策划者、组织者和骨干分子，给予开除党籍处分。

对其他参加人员，情节较轻的，给予警告或者严重警告处分；情节较重的，给予撤销党内职务或者留党察看处分；情节严重的，给予开除党籍处分。

对不明真相的参加人员，经批评教育后确有悔改表现的，可以免予处分或者不予处分。

第六十七条　从事、参与挑拨破坏民族关系制造事端或者参加民族分裂活动的，对策划者、组织者和骨干分子，给予开除党籍处分。

对其他参加人员，情节较轻的，给予警告或者严重警告处分；情节较重的，给予撤销党内职务或者留党察看处分；情节严重的，给予开除党籍处分。

对不明真相被裹挟参加，经批评教育后确有悔改表现的，可以免予处分或者不予处分。

有其他违反党和国家民族政策的行为，情节较轻的，给予警告或者严重警告处分；情节较重的，给予撤销党内职务或者留党察看处分；情节严重的，给予开除党籍处分。

第六十八条　组织、利用宗教活动反对党的理论、路线、方针、政策和决议，破坏民族团结的，对策划者、组织者和骨干分子，给予开除党籍处分。

对其他参加人员，给予撤销党内职务或者留党察看处分；情节严重的，给予开除党籍处分。

对不明真相被裹挟参加，经批评教育后确有悔改表现的，可以免予处分或者不予处分。

有其他违反党和国家宗教政策的行为，情节较轻的，给予警告或者严重警告处分；情节较重的，给予撤销党内职务或者留党察看处分；情节严重的，给予开除党籍处分。

第六十九条　对信仰宗教的党员，应当加强思想教育，要求其限期改正；经党组织帮助教育仍没有转变的，应当劝其退党；劝而不退的，予以除名；参与利用宗教搞煽动活动的，给予开除党籍处分。

第七十条　组织迷信活动的，给予撤销党内职务或者留党察看处分；情节严重的，给予开除党籍处分。

参加迷信活动或者个人搞迷信活动，造成不良影响的，给予警告或者严重警告处分；情节较重的，给予撤销党内职务或者留党察看处分；情节严重的，给予开除党籍处分。

对不明真相的参加人员，经批评教育后确有悔改表现的，可以免予处分或者不予处分。

第七十一条　组织、利用宗族势力对抗党和政府，妨碍党和国家的方针政策以及决策部署的实施，或者破坏党的基层组织建设的，对策划者、组织者和骨干分子，给予开除党籍处分。

对其他参加人员，给予撤销党内职务或者留党察看处分；情节严重的，给予开除党籍处分。

对不明真相被裹挟参加，经批评教育后确有悔改表现的，可以免予处分或者不予处分。

第七十二条　在国（境）外、外国驻华使（领）馆申请政治避难，或者违纪后逃往国（境）外、外国驻华使（领）馆的，给予开除党籍处分。

在国（境）外公开发表反对党和政府的文章、演说、宣言、声明等的，依照前款规定处理。

故意为上述行为提供方便条件的，给予留党察看或者开除党籍处分。

第七十三条　在涉外活动中，其言行在政治上造成恶劣影响，损害党和国家尊严、利益的，给予撤销党内职务或者留党察看处分；情节严重的，给予开除党籍处分。

第七十四条　不履行全面从严治党主体责任、监督责任或者履行全面从严治党主体责任、监督责任不力，给党组织造成严重损害或者严重不良影响的，对直接责任者和领导责任者，给予警告或者严重警告处分；情节严重的，给予撤销党内职务或者留党察看处分。

第七十五条　党员领导干部对违反政治纪律和政治规矩等错误思想和行为不报告、不抵制、不斗争，放任不管，搞无原则一团和气，造成不良影响的，给予警告或者严重警告处分；情节严重的，给予撤销党内职务或者留党察看处分。

第七十六条　违反党的优良传统和工作惯例等党的规矩，在政治上造成不良影响或者严重后果的，给予警告或者严重警告处分；情节较重的，给予撤销党内职务或者留党察看处分；情节严重的，给予开除党籍处分。

第七章　对违反组织纪律行为的处分

第七十七条　违反民主集中制原则，有下列行为之一的，给予警告或者严重警告处分；情节严重的，给予撤销党内职务或者留党察看处分：

（一）拒不执行或者擅自改变党组织作出的重大决定；

（二）违反议事规则，个人或者少数人决定重大问题；

（三）故意规避集体决策，决定重大事项、重要干部任免、重要项目安排和大额资金使用；

（四）借集体决策名义集体违规。

第七十八条　下级党组织拒不执行或者擅自改变上级党组织决定的，对直接责任者和领导责任者，给予警告或者严重警告处分；情节严重的，给予撤销党内职务或者留党察看处分。

第七十九条　拒不执行党组织的分配、调动、交流等决定的，给予警告、严重警告或者撤销党内职务处分。

在特殊时期或者紧急状况下，拒不执行党组织上述决定的，给予留党察看或者开除党籍处分。

第八十条　在党组织纪律审查中，依法依规负有作证义务的党员拒绝作证或者故意提供虚假情况，情节较重的，给予警告或者严重警告处分；情节严重的，给予撤销党内职务、留党察看或者开除党籍处分。

第八十一条　有下列行为之一，情节较重的，给予警告或者严重警告处分：

（一）违反个人有关事项报告规定，隐瞒不报；

（二）在组织进行谈话函询时，不如实向组织说明问题；

（三）不按要求报告或者不如实报告个人去向；

（四）不如实填报个人档案资料。

有前款第二项规定的行为，同时向组织提供虚假情况、掩盖事实的，依照本条例第六十三条规定处理。

篡改、伪造个人档案资料的，给予严重警告处分；情节严重的，给予撤销党内职务或者留党察看处分。

隐瞒入党前严重错误的，一般应当予以除名；对入党多年且一贯表现好，或者在工作中作出突出贡献的，给予严重警告、撤销党内职务或者留党察看处分。

第八十二条　党员领导干部违反有关规定组织、参加自发成立的老乡会、校友会、战友会等，情节严重的，给予警告、严重警告或者撤销党内职务处分。

第八十三条　有下列行为之一的，给予警告或者严重警告处分；情节较重的，给予撤销党内职务或者留党察看处分；情节严重的，给予开除党籍处分：

（一）在民主推荐、民主测评、组织考察和党内选举中搞拉票、助选等非组织活动；

（二）在法律规定的投票、选举活动中违背组织原则搞非组织活动，组织、怂恿、诱使他人投票、表决；

（三）在选举中进行其他违反党章、其他党内法规和有关章程活动。

搞有组织的拉票贿选，或者用公款拉票贿选的，从重或者加重处分。

第八十四条　在干部选拔任用工作中，有任人唯亲、排斥异己、封官许愿、说情干预、跑官要官、突击提拔或者调整干部等违反干部选拔任用规定行为，对直接责任者和领导责任者，情节较轻的，给予警告或者严重警告处分；情节较重的，给予撤销党内职务或者留党察看处分；情节严重的，给予开除党籍处分。

用人失察失误造成严重后果的，对直接责任者和领导责任者，依照前款规定处理。

第八十五条　在推进领导干部能上能下工作中，搞好人主义，有下列行

为之一,对直接责任者和领导责任者,情节较重的,给予警告或者严重警告处分;情节严重的,给予撤销党内职务或者留党察看处分:

(一)以党纪政务等处分规避组织调整;

(二)以组织调整代替党纪政务等处分;

(三)其他避重就轻作出处理行为。

第八十六条 在干部、职工的录用、考核、职务职级晋升、职称评聘、荣誉表彰,授予学术称号和征兵、安置退役军人等工作中,隐瞒、歪曲事实真相,或者利用职权或者职务上的影响违反有关规定为本人或者其他人谋取利益的,给予警告或者严重警告处分;情节较重的,给予撤销党内职务或者留党察看处分;情节严重的,给予开除党籍处分。

弄虚作假,骗取职务、职级、职称、待遇、资格、学历、学位、荣誉、称号或者其他利益的,依照前款规定处理。

第八十七条 侵犯党员的表决权、选举权和被选举权,情节较重的,给予警告或者严重警告处分;情节严重的,给予撤销党内职务处分。

以强迫、威胁、欺骗、拉拢等手段,妨害党员自主行使表决权、选举权和被选举权的,给予撤销党内职务、留党察看或者开除党籍处分。

第八十八条 有下列行为之一的,对直接责任者和领导责任者,给予警告或者严重警告处分;情节较重的,给予撤销党内职务或者留党察看处分;情节严重的,给予开除党籍处分:

(一)对批评、检举、控告进行阻挠、压制,或者将批评、检举、控告材料私自扣压、销毁,或者故意将其泄露给他人;

(二)对党员的申辩、辩护、作证等进行压制,造成不良后果;

(三)压制党员申诉,造成不良后果,或者不按照有关规定处理党员申诉;

(四)其他侵犯党员权利行为,造成不良后果。

对批评人、检举人、控告人、证人及其他人员打击报复的,从重或者加重处分。

第八十九条 违反党章和其他党内法规的规定,采取弄虚作假或者其他手段把不符合党员条件的人发展为党员,或者为非党员出具党员身份证明的,对直接责任者和领导责任者,给予警告或者严重警告处分;情节严重的,给予撤销党内职务处分。

违反有关规定程序发展党员的,对直接责任者和领导责任者,依照前款规定处理。

第九十条　违反有关规定取得外国国籍或者获取国(境)外永久居留资格、长期居留许可的,给予撤销党内职务、留党察看或者开除党籍处分。

第九十一条　违反有关规定办理因私出国(境)证件、前往港澳通行证,或者未经批准出入国(边)境,情节较轻的,给予警告或者严重警告处分;情节较重的,给予撤销党内职务或者留党察看处分;情节严重的,给予开除党籍处分。

虽经批准因私出国(境)但存在擅自变更路线、无正当理由超期未归等超出批准范围出国(境)行为,情节较重的,给予警告或者严重警告处分;情节严重的,给予撤销党内职务处分。

第九十二条　驻外机构或者临时出国(境)团(组)中的党员擅自脱离组织,或者从事外事、机要、军事等工作的党员违反有关规定同国(境)外机构、人员联系和交往的,给予警告、严重警告或者撤销党内职务处分。

第九十三条　驻外机构或者临时出国(境)团(组)中的党员,脱离组织出走时间不满六个月又自动回归的,给予撤销党内职务或者留党察看处分;脱离组织出走时间超过六个月的,按照自行脱党处理,党内予以除名。

故意为他人脱离组织出走提供方便条件的,给予警告、严重警告或者撤销党内职务处分。

第八章　对违反廉洁纪律行为的处分

第九十四条　党员干部必须正确行使人民赋予的权力,清正廉洁,反对特权思想和特权现象,反对任何滥用职权、谋求私利的行为。

利用职权或者职务上的影响为他人谋取利益,本人的配偶、子女及其配偶等亲属和其他特定关系人收受对方财物,情节较重的,给予警告或者严重警告处分;情节严重的,给予撤销党内职务、留党察看或者开除党籍处分。

第九十五条　相互利用职权或者职务上的影响为对方及其配偶、子女及其配偶等亲属、身边工作人员和其他特定关系人谋取利益搞权权交易的,给予警告或者严重警告处分;情节较重的,给予撤销党内职务或者留党察看处分;情节严重的,给予开除党籍处分。

第九十六条 纵容、默许配偶、子女及其配偶等亲属、身边工作人员和其他特定关系人利用党员干部本人职权或者职务上的影响谋取私利，情节较轻的，给予警告或者严重警告处分；情节较重的，给予撤销党内职务或者留党察看处分；情节严重的，给予开除党籍处分。

党员干部的配偶、子女及其配偶等亲属和其他特定关系人不实际工作而获取薪酬或者虽实际工作但领取明显超出同职级标准薪酬，党员干部知情未予纠正的，依照前款规定处理。

第九十七条 收受可能影响公正执行公务的礼品、礼金、消费卡（券）和有价证券、股权、其他金融产品等财物，情节较轻的，给予警告或者严重警告处分；情节较重的，给予撤销党内职务或者留党察看处分；情节严重的，给予开除党籍处分。

收受其他明显超出正常礼尚往来的财物的，依照前款规定处理。

第九十八条 向从事公务的人员及其配偶、子女及其配偶等亲属和其他特定关系人赠送明显超出正常礼尚往来的礼品、礼金、消费卡（券）和有价证券、股权、其他金融产品等财物，情节较重的，给予警告或者严重警告处分；情节严重的，给予撤销党内职务或者留党察看处分。

以讲课费、课题费、咨询费等名义变相送礼的，依照前款规定处理。

第九十九条 借用管理和服务对象的钱款、住房、车辆等，可能影响公正执行公务，情节较重的，给予警告或者严重警告处分；情节严重的，给予撤销党内职务、留党察看或者开除党籍处分。

通过民间借贷等金融活动获取大额回报，可能影响公正执行公务的，依照前款规定处理。

第一百条 利用职权或者职务上的影响操办婚丧喜庆事宜，造成不良影响的，给予警告或者严重警告处分；情节严重的，给予撤销党内职务处分；借机敛财或者有其他侵犯国家、集体和人民利益行为的，从重或者加重处分，直至开除党籍。

第一百零一条 接受、提供可能影响公正执行公务的宴请或者旅游、健身、娱乐等活动安排，情节较重的，给予警告或者严重警告处分；情节严重的，给予撤销党内职务或者留党察看处分。

第一百零二条 违反有关规定取得、持有、实际使用运动健身卡、会所和俱乐部会员卡、高尔夫球卡等各种消费卡（券），或者违反有关规定出入私人会所,情节较重的,给予警告或者严重警告处分;情节严重的,给予撤销党内职务或者留党察看处分。

第一百零三条 违反有关规定从事营利活动,有下列行为之一,情节较轻的,给予警告或者严重警告处分;情节较重的,给予撤销党内职务或者留党察看处分;情节严重的,给予开除党籍处分:

(一)经商办企业;

(二)拥有非上市公司(企业)的股份或者证券;

(三)买卖股票或者进行其他证券投资;

(四)从事有偿中介活动;

(五)在国(境)外注册公司或者投资入股;

(六)其他违反有关规定从事营利活动的行为。

利用参与企业重组改制、定向增发、兼并投资、土地使用权出让等工作中掌握的信息买卖股票,利用职权或者职务上的影响通过购买信托产品、基金等方式非正常获利的,依照前款规定处理。

违反有关规定在经济组织、社会组织等单位中兼职,或者经批准兼职但获取薪酬、奖金、津贴等额外利益的,依照第一款规定处理。

第一百零四条 利用职权或者职务上的影响,为配偶、子女及其配偶等亲属和其他特定关系人在审批监管、资源开发、金融信贷、大宗采购、土地使用权出让、房地产开发、工程招投标以及公共财政收支等方面谋取利益,情节较轻的,给予警告或者严重警告处分;情节较重的,给予撤销党内职务或者留党察看处分;情节严重的,给予开除党籍处分。

利用职权或者职务上的影响,为配偶、子女及其配偶等亲属和其他特定关系人吸收存款、推销金融产品、经营名贵特产类特殊资源等提供帮助谋取利益的,依照前款规定处理。

第一百零五条 离职或者退(离)休后违反有关规定接受原任职务管辖的地区和业务范围内或者与原工作业务直接相关的企业和中介机构等单位的聘用,或者个人从事与原任职务管辖业务或者与原工作业务直接相关的营利活动,情节较轻的,给予警告或者严重警告处分;情节较重的,给予撤销党内职务处分;情节严重的,给予留党察看处分。

党员领导干部离职或者退(离)休后违反有关规定担任上市公司、基金管理公司独立董事、独立监事等职务,情节较轻的,给予警告或者严重警告处分;情节较重的,给予撤销党内职务处分;情节严重的,给予留党察看处分。

第一百零六条　离职或者退(离)休后利用原职权或者职务上的影响,为配偶、子女及其配偶等亲属和其他特定关系人从事经营活动谋取利益,情节较轻的,给予警告或者严重警告处分;情节较重的,给予撤销党内职务或者留党察看处分;情节严重的,给予开除党籍处分。

离职或者退(离)休后利用原职权或者职务上的影响为他人谋取利益,本人的配偶、子女及其配偶等亲属和其他特定关系人收受对方财物,情节较重的,给予警告或者严重警告处分;情节严重的,给予撤销党内职务、留党察看或者开除党籍处分。

第一百零七条　党员领导干部的配偶、子女及其配偶,违反有关规定在该党员领导干部管辖的地区和业务范围内从事可能影响其公正执行公务的经营活动,或者有其他违反经商办企业禁业规定行为的,该党员领导干部应当按照规定予以纠正;拒不纠正的,其本人应当辞去现任职务或者由组织予以调整职务;不辞去现任职务或者不服从组织调整职务的,给予撤销党内职务处分。

第一百零八条　党和国家机关违反有关规定经商办企业的,对直接责任者和领导责任者,给予警告或者严重警告处分;情节严重的,给予撤销党内职务处分。

第一百零九条　党员领导干部违反工作、生活保障制度,在交通、医疗、警卫等方面为本人、配偶、子女及其配偶等亲属、身边工作人员和其他特定关系人谋求特殊待遇,情节较重的,给予警告或者严重警告处分;情节严重的,给予撤销党内职务或者留党察看处分。

第一百一十条　在分配、购买住房中侵犯国家、集体利益,情节较轻的,给予警告或者严重警告处分;情节较重的,给予撤销党内职务或者留党察看处分;情节严重的,给予开除党籍处分。

第一百一十一条　利用职权或者职务上的影响,侵占非本人经管的公私财物,或者以象征性地支付钱款等方式侵占公私财物,或者无偿、象征性地支付报酬接受服务、使用劳务,情节较轻的,给予警告或者严重警告处分;情节较重的,给予撤销党内职务或者留党察看处分;情节严重的,给予开除党籍处分。

利用职权或者职务上的影响,将应当由本人、配偶、子女及其配偶等亲属、身边工作人员和其他特定关系人个人支付的费用,由下属单位、其他单位或者他人支付、报销的,依照前款规定处理。

第一百一十二条　利用职权或者职务上的影响,违反有关规定占用公物归个人使用,时间超过六个月,情节较重的,给予警告或者严重警告处分;情节严重的,给予撤销党内职务处分。

占用公物进行营利活动的,给予警告或者严重警告处分;情节较重的,给予撤销党内职务或者留党察看处分;情节严重的,给予开除党籍处分。

将公物借给他人进行营利活动的,依照前款规定处理。

第一百一十三条　违反有关规定组织、参加用公款支付的宴请、娱乐、健身活动,或者用公款购买赠送或者发放礼品、消费卡(券)等,对直接责任者和领导责任者,情节较轻的,给予警告或者严重警告处分;情节较重的,给予撤销党内职务或者留党察看处分;情节严重的,给予开除党籍处分。

第一百一十四条　违反有关规定自定薪酬或者滥发津贴、补贴、奖金、福利等,对直接责任者和领导责任者,情节较轻的,给予警告或者严重警告处分;情节较重的,给予撤销党内职务或者留党察看处分;情节严重的,给予开除党籍处分。

第一百一十五条　有下列行为之一,对直接责任者和领导责任者,情节较轻的,给予警告或者严重警告处分;情节较重的,给予撤销党内职务或者留党察看处分;情节严重的,给予开除党籍处分:

(一)公款旅游或者以学习培训、考察调研、职工疗养等为名变相公款旅游;

(二)改变公务行程,借机旅游;

(三)参加所管理企业、下属单位组织的考察活动,借机旅游。

以考察、学习、培训、研讨、招商、参展等名义变相用公款出国(境)旅游的,对直接责任者和领导责任者,依照前款规定处理。

第一百一十六条　违反接待管理规定,超标准、超范围接待或者借机大吃大喝,对直接责任者和领导责任者,情节较重的,给予警告或者严重警告处分;情节严重的,给予撤销党内职务处分。

第一百一十七条　违反有关规定配备、购买、更换、装饰、使用公务交通工具或者有其他违反公务交通工具管理规定的行为,对直接责任者和领导责任者,情节较重的,给予警告或者严重警告处分;情节严重的,给予撤销党内职务或者留党察看处分。

第一百一十八条 违反会议活动管理规定，有下列行为之一，对直接责任者和领导责任者，情节较重的，给予警告或者严重警告处分；情节严重的，给予撤销党内职务处分：

（一）到禁止召开会议的风景名胜区开会；

（二）决定或者批准举办各类节会、庆典活动；

（三）其他违反会议活动管理规定行为。

擅自举办评比达标表彰、创建示范活动或者借评比达标表彰、创建示范活动收取费用的，对直接责任者和领导责任者，依照前款规定处理。

第一百一十九条 违反办公用房管理等规定，有下列行为之一，对直接责任者和领导责任者，情节较重的，给予警告或者严重警告处分；情节严重的，给予撤销党内职务处分：

（一）决定或者批准兴建、装修办公楼、培训中心等楼堂馆所；

（二）超标准配备、使用办公用房；

（三）未经批准租用、借用办公用房；

（四）用公款包租、占用客房或者其他场所供个人使用；

（五）其他违反办公用房管理等规定行为。

第一百二十条 搞权色交易或者给予财物搞钱色交易的，给予警告或者严重警告处分；情节较重的，给予撤销党内职务或者留党察看处分；情节严重的，给予开除党籍处分。

第一百二十一条 有其他违反廉洁纪律规定行为的，应当视具体情节给予警告直至开除党籍处分。

第九章 对违反群众纪律行为的处分

第一百二十二条 有下列行为之一，对直接责任者和领导责任者，情节较轻的，给予警告或者严重警告处分；情节较重的，给予撤销党内职务或者留党察看处分；情节严重的，给予开除党籍处分：

（一）超标准、超范围向群众筹资筹劳、摊派费用，加重群众负担；

（二）违反有关规定扣留、收缴群众款物或者处罚群众；

（三）克扣群众财物，或者违反有关规定拖欠群众钱款；

（四）在管理、服务活动中违反有关规定收取费用；

（五）在办理涉及群众事务时刁难群众、吃拿卡要；

（六）其他侵害群众利益行为。

在乡村振兴领域有上述行为的，从重或者加重处分。

第一百二十三条　干涉生产经营自主权，致使群众财产遭受较大损失的，对直接责任者和领导责任者，给予警告或者严重警告处分；情节严重的，给予撤销党内职务或者留党察看处分。

第一百二十四条　在社会保障、社会救助、政策扶持、救灾救济款物分配等事项中优亲厚友、明显有失公平的，给予警告或者严重警告处分；情节较重的，给予撤销党内职务或者留党察看处分；情节严重的，给予开除党籍处分。

第一百二十五条　利用宗族或者黑恶势力等欺压群众，或者纵容涉黑涉恶活动、为黑恶势力充当"保护伞"的，给予撤销党内职务或者留党察看处分；情节严重的，给予开除党籍处分。

第一百二十六条　有下列行为之一，对直接责任者和领导责任者，情节较重的，给予警告或者严重警告处分；情节严重的，给予撤销党内职务或者留党察看处分：

（一）对涉及群众生产、生活等切身利益的问题依照政策或者有关规定能解决而不及时解决，庸懒无为、效率低下，造成不良影响；

（二）对符合政策的群众诉求消极应付、推诿扯皮，损害党群、干群关系；

（三）对待群众态度恶劣、简单粗暴，造成不良影响；

（四）弄虚作假，欺上瞒下，损害群众利益；

（五）其他不作为、乱作为、慢作为、假作为等损害群众利益行为。

第一百二十七条　遇到国家财产和群众生命财产受到严重威胁时，能救而不救，情节较重的，给予警告、严重警告或者撤销党内职务处分；情节严重的，给予留党察看或者开除党籍处分。

第一百二十八条　不按照规定公开党务、政务、厂务、村（居）务等，侵犯群众知情权，对直接责任者和领导责任者，情节较重的，给予警告或者严重警告处分；情节严重的，给予撤销党内职务或者留党察看处分。

第一百二十九条　有其他违反群众纪律规定行为的，应当视具体情节给予警告直至开除党籍处分。

第十章 对违反工作纪律行为的处分

第一百三十条 工作中不负责任或者疏于管理,贯彻执行、检查督促落实上级决策部署不力,给党、国家和人民利益以及公共财产造成较大损失的,对直接责任者和领导责任者,给予警告或者严重警告处分;造成重大损失的,给予撤销党内职务、留党察看或者开除党籍处分。

党员领导干部对于到任前已经存在且属于其职责范围内的问题,消极回避、推卸责任,造成严重损害或者严重不良影响的,依照前款规定处理。

第一百三十一条 工作中不敢斗争、不愿担当,面对重大矛盾冲突、危机困难临阵退缩,造成不良影响或者严重后果的,给予警告或者严重警告处分;情节严重的,给予撤销党内职务、留党察看或者开除党籍处分。

第一百三十二条 有下列行为之一,造成严重损害或者严重不良影响的,对直接责任者和领导责任者,给予警告或者严重警告处分;情节较重的,给予撤销党内职务或者留党察看处分;情节严重的,给予开除党籍处分:

(一)热衷于搞舆论造势、浮在表面;

(二)单纯以会议贯彻会议、以文件落实文件,在实际工作中不见诸行动;

(三)脱离实际,不作深入调查研究,搞随意决策、机械执行;

(四)违反精文减会有关规定搞文山会海;

(五)在督查检查考核等工作中搞层层加码、过度留痕,增加基层工作负担;

(六)工作中其他形式主义、官僚主义行为。

第一百三十三条 在公务活动用餐、单位食堂用餐管理工作中不履行或者不正确履行宣传教育、监督管理职责,导致餐饮浪费,造成严重不良影响的,对直接责任者和领导责任者,给予警告或者严重警告处分;情节严重的,给予撤销党内职务处分。

第一百三十四条 在机构编制工作中,有下列行为之一,造成不良影响或者严重后果的,对直接责任者和领导责任者,给予警告或者严重警告处分;情节较重的,给予撤销党内职务或者留党察看处分;情节严重的,给予开除党籍处分:

（一）擅自超出“三定”规定范围调整职责、设置机构、核定领导职数和配备人员；

（二）违规干预地方机构设置；

（三）其他违反机构编制管理规定行为。

第一百三十五条　在信访工作中，有下列行为之一，造成不良影响或者严重后果的，对直接责任者和领导责任者，给予警告或者严重警告处分；情节较重的，给予撤销党内职务或者留党察看处分；情节严重的，给予开除党籍处分：

（一）不按照规定受理、办理信访事项；

（二）对规模性集体访等处置不力，导致事态扩大；

（三）对党委和政府信访部门提出的改进工作、完善政策等建议重视不够、落实不力，导致问题长期得不到解决；

（四）其他不履行或者不正确履行信访工作职责行为。

不履行或者不正确履行职责，导致信访事项发生，造成不良影响或者严重后果的，对直接责任者和领导责任者，依照前款规定处理。

第一百三十六条　党组织有下列行为之一，对直接责任者和领导责任者，情节较重的，给予警告或者严重警告处分；情节严重的，给予撤销党内职务或者留党察看处分：

（一）党员被立案审查期间，擅自批准其出差、出国（境）、辞职，或者对其交流、提拔职务、晋升职级、进一步使用、奖励，或者办理退休手续；

（二）党员被依法追究刑事责任后，不按照规定给予党纪处分，或者对党员违反国家法律法规的行为，应当给予党纪处分而不处分；

（三）党纪处分决定或者申诉复查决定作出后，不按照规定落实决定中关于被处分人党籍、职务、职级、待遇等事项；

（四）党员受到党纪处分后，不按照干部管理权限和组织关系对受处分党员开展日常教育、管理和监督工作。

第一百三十七条　滥用问责，或者在问责工作中严重不负责任，造成不良影响的，对直接责任者和领导责任者，给予警告或者严重警告处分；情节严重的，给予撤销党内职务处分。

第一百三十八条　因工作不负责任致使所管理的人员叛逃的，对直接责任者和领导责任者，给予警告或者严重警告处分；情节严重的，给予撤销党内职务处分。

因工作不负责任致使所管理的人员出逃、出走，对直接责任者和领导责任者，情节较重的，给予警告或者严重警告处分；情节严重的，给予撤销党内职务处分。

第一百三十九条　进行统计造假，对直接责任者和领导责任者，情节较轻的，给予警告或者严重警告处分；情节较重的，给予撤销党内职务或者留党察看处分；情节严重的，给予开除党籍处分。

对统计造假失察，造成严重后果的，对直接责任者和领导责任者，给予警告或者严重警告处分；情节严重的，给予撤销党内职务、留党察看或者开除党籍处分。

第一百四十条　在上级检查、视察工作或者向上级汇报、报告工作时对应当报告的事项不报告或者不如实报告，造成严重损害或者严重不良影响的，对直接责任者和领导责任者，给予警告或者严重警告处分；情节严重的，给予撤销党内职务或者留党察看处分。

在上级检查、视察工作或者向上级汇报、报告工作时纵容、唆使、暗示、强迫下级说假话、报假情的，从重或者加重处分。

第一百四十一条　违反有关规定干预和插手市场经济活动，有下列行为之一，情节较轻的，给予警告或者严重警告处分；情节较重的，给予撤销党内职务或者留党察看处分；情节严重的，给予开除党籍处分：

（一）干预和插手建设工程项目承发包、土地使用权出让、政府采购、房地产开发与经营、矿产资源开发利用、中介机构服务等活动；

（二）干预和插手国有企业重组改制、兼并、破产、产权交易、清产核资、资产评估、资产转让、重大项目投资以及其他重大经营活动等事项；

（三）干预和插手批办各类行政许可和资金借贷等事项；

（四）干预和插手经济纠纷；

（五）干预和插手集体资金、资产和资源的使用、分配、承包、租赁等事项。

第一百四十二条　违反有关规定干预和插手司法活动、执纪执法活动，向有关地方或者部门打听案情、打招呼、说情，或者以其他方式对司法活动、执纪执法活动施加影响，情节较轻的，给予严重警告处分；情节较重的，给予撤销党内职务或者留党察看处分；情节严重的，给予开除党籍处分。

违反有关规定干预和插手公共财政资金分配、项目立项评审、功勋荣誉表彰奖励等活动，造成重大损失或者不良影响的，依照前款规定处理。

第一百四十三条 按照有关规定对干预和插手行为负有报告和登记义务的受请托人，不按照规定报告或者登记，情节较重的，给予警告或者严重警告处分；情节严重的，给予撤销党内职务处分。

第一百四十四条 泄露、扩散或者打探、窃取党组织关于干部选拔任用、纪律审查、巡视巡察等尚未公开事项或者其他应当保密的内容的，给予警告或者严重警告处分；情节较重的，给予撤销党内职务或者留党察看处分；情节严重的，给予开除党籍处分。

私自留存涉及党组织关于干部选拔任用、纪律审查、巡视巡察等方面资料，情节较重的，给予警告或者严重警告处分；情节严重的，给予撤销党内职务处分。

第一百四十五条 在考试、录取工作中，有泄露试题、考场舞弊、涂改考卷、违规录取等违反有关规定行为的，给予警告或者严重警告处分；情节较重的，给予撤销党内职务或者留党察看处分；情节严重的，给予开除党籍处分。

第一百四十六条 以不正当方式谋求本人或者其他人用公款出国（境），情节较轻的，给予警告处分；情节较重的，给予严重警告处分；情节严重的，给予撤销党内职务处分。

第一百四十七条 临时出国（境）团（组）或者人员中的党员，擅自延长在国（境）外期限，或者擅自变更路线的，对直接责任者和领导责任者，给予警告或者严重警告处分；情节严重的，给予撤销党内职务处分。

第一百四十八条 驻外机构或者临时出国（境）团（组）中的党员，触犯驻在国家、地区的法律、法令或者不尊重驻在国家、地区的宗教习俗，情节较重的，给予警告或者严重警告处分；情节严重的，给予撤销党内职务、留党察看或者开除党籍处分。

第一百四十九条 在党的纪律检查、组织、宣传、统一战线工作以及机关工作等其他工作中，不履行或者不正确履行职责，造成损失或者不良影响的，应当视具体情节给予警告直至开除党籍处分。

第十一章 对违反生活纪律行为的处分

第一百五十条 生活奢靡、铺张浪费、贪图享乐、追求低级趣味，造成不良影响的，给予警告或者严重警告处分；情节严重的，给予撤销党内职务处分。

第一百五十一条 与他人发生不正当性关系，造成不良影响的，给予警告或者严重警告处分；情节较重的，给予撤销党内职务或者留党察看处分；情节严重的，给予开除党籍处分。

利用职权、教养关系、从属关系或者其他相类似关系与他人发生性关系的，从重处分。

第一百五十二条 党员领导干部不重视家风建设，对配偶、子女及其配偶失管失教，造成不良影响或者严重后果的，给予警告或者严重警告处分；情节严重的，给予撤销党内职务处分。

第一百五十三条 违背社会公序良俗，在公共场所、网络空间有不当言行，造成不良影响的，给予警告或者严重警告处分；情节较重的，给予撤销党内职务或者留党察看处分；情节严重的，给予开除党籍处分。

第一百五十四条 有其他严重违反社会公德、家庭美德行为的，应当视具体情节给予警告直至开除党籍处分。

第三编　附　　则

第一百五十五条 各省、自治区、直辖市党委可以根据本条例，结合各自工作的实际情况，制定单项实施规定。

第一百五十六条 中央军事委员会可以根据本条例，结合中国人民解放军和中国人民武装警察部队的实际情况，制定补充规定或者单项规定。

第一百五十七条 本条例由中央纪委负责解释。

第一百五十八条 本条例自 2024 年 1 月 1 日起施行。

本条例施行前，已结案的案件如需进行复查复议，适用当时的规定或者政策。尚未结案的案件，如果行为发生时的规定或者政策不认为是违纪，而本条例认为是违纪的，依照当时的规定或者政策处理；如果行为发生时的规定或者政策认为是违纪的，依照当时的规定或者政策处理，但是如果本条例不认为是违纪或者处理较轻的，依照本条例规定处理。

中国共产党问责条例

（2019年7月30日中共中央政治局会议审议批准
2019年8月25日中共中央发布）

第一条　为了坚持党的领导，加强党的建设，全面从严治党，保证党的路线方针政策和党中央重大决策部署贯彻落实，规范和强化党的问责工作，根据《中国共产党章程》，制定本条例。

第二条　党的问责工作坚持以马克思列宁主义、毛泽东思想、邓小平理论、"三个代表"重要思想、科学发展观、习近平新时代中国特色社会主义思想为指导，增强"四个意识"，坚定"四个自信"，坚决维护习近平总书记党中央的核心、全党的核心地位，坚决维护党中央权威和集中统一领导，围绕统筹推进"五位一体"总体布局和协调推进"四个全面"战略布局，落实管党治党政治责任，督促各级党组织、党的领导干部负责守责尽责，践行忠诚干净担当。

第三条　党的问责工作应当坚持以下原则：

（一）依规依纪、实事求是；

（二）失责必问、问责必严；

（三）权责一致、错责相当；

（四）严管和厚爱结合、激励和约束并重；

（五）惩前毖后、治病救人；

（六）集体决定、分清责任。

第四条　党委（党组）应当履行全面从严治党主体责任，加强对本地区本部门本单位问责工作的领导，追究在党的建设、党的事业中失职失责党组织和党的领导干部的主体责任、监督责任、领导责任。

纪委应当履行监督专责，协助同级党委开展问责工作。纪委派驻（派出）机构按照职责权限开展问责工作。

党的工作机关应当依据职能履行监督职责，实施本机关本系统本领域的问责工作。

第五条 问责对象是党组织、党的领导干部，重点是党委（党组）、党的工作机关及其领导成员，纪委、纪委派驻（派出）机构及其领导成员。

第六条 问责应当分清责任。党组织领导班子在职责范围内负有全面领导责任，领导班子主要负责人和直接主管的班子成员在职责范围内承担主要领导责任，参与决策和工作的班子成员在职责范围内承担重要领导责任。

对党组织问责的，应当同时对该党组织中负有责任的领导班子成员进行问责。

党组织和党的领导干部应当坚持把自己摆进去、把职责摆进去、把工作摆进去，注重从自身找问题、查原因，勇于担当、敢于负责，不得向下级党组织和干部推卸责任。

第七条 党组织、党的领导干部违反党章和其他党内法规，不履行或者不正确履行职责，有下列情形之一，应当予以问责：

（一）党的领导弱化，“四个意识”不强，“两个维护”不力，党的基本理论、基本路线、基本方略没有得到有效贯彻执行，在贯彻新发展理念，推进经济建设、政治建设、文化建设、社会建设、生态文明建设中，出现重大偏差和失误，给党的事业和人民利益造成严重损失，产生恶劣影响的；

（二）党的政治建设抓得不实，在重大原则问题上未能同党中央保持一致，贯彻落实党的路线方针政策和执行党中央重大决策部署不力，不遵守重大事项请示报告制度，有令不行、有禁不止，阳奉阴违、欺上瞒下，团团伙伙、拉帮结派问题突出，党内政治生活不严肃不健康，党的政治建设工作责任制落实不到位，造成严重后果或者恶劣影响的；

（三）党的思想建设缺失，党性教育特别是理想信念宗旨教育流于形式，意识形态工作责任制落实不到位，造成严重后果或者恶劣影响的；

（四）党的组织建设薄弱，党建工作责任制不落实，严重违反民主集中制原则，不执行领导班子议事决策规则，民主生活会、“三会一课”等党的组织生活制度不执行，领导干部报告个人有关事项制度执行不力，党组织软弱涣散，违规选拔任用干部等问题突出，造成恶劣影响的；

（五）党的作风建设松懈，落实中央八项规定及其实施细则精神不力，“四风”问题得不到有效整治，形式主义、官僚主义问题突出，执行党中央决策部署表态多调门高、行动少落实差，脱离实际、脱离群众，拖沓敷衍、推诿扯皮，造成严重后果的；

（六）党的纪律建设抓得不严，维护党的政治纪律、组织纪律、廉洁纪律、群众纪律、工作纪律、生活纪律不力，导致违规违纪行为多发，造成恶劣影响的；

（七）推进党风廉政建设和反腐败斗争不坚决、不扎实，削减存量、遏制增量不力，特别是对不收敛、不收手，问题线索反映集中、群众反映强烈，政治问题和经济问题交织的腐败案件放任不管，造成恶劣影响的；

（八）全面从严治党主体责任、监督责任落实不到位，对公权力的监督制约不力，好人主义盛行，不负责不担当，党内监督乏力，该发现的问题没有发现，发现问题不报告不处置，领导巡视巡察工作不力，落实巡视巡察整改要求走过场、不到位，该问责不问责，造成严重后果的；

（九）履行管理、监督职责不力，职责范围内发生重特大生产安全事故、群体性事件、公共安全事件，或者发生其他严重事故、事件，造成重大损失或者恶劣影响的；

（十）在教育医疗、生态环境保护、食品药品安全、扶贫脱贫、社会保障等涉及人民群众最关心最直接最现实的利益问题上不作为、乱作为、慢作为、假作为，损害和侵占群众利益问题得不到整治，以言代法、以权压法、徇私枉法问题突出，群众身边腐败和作风问题严重，造成恶劣影响的；

（十一）其他应当问责的失职失责情形。

第八条　对党组织的问责，根据危害程度以及具体情况，可以采取以下方式：

（一）检查。责令作出书面检查并切实整改。

（二）通报。责令整改，并在一定范围内通报。

（三）改组。对失职失责，严重违犯党的纪律、本身又不能纠正的，应当予以改组。

对党的领导干部的问责，根据危害程度以及具体情况，可以采取以下方式：

（一）通报。进行严肃批评，责令作出书面检查、切实整改，并在一定范围内通报。

（二）诫勉。以谈话或者书面方式进行诫勉。

（三）组织调整或者组织处理。对失职失责、危害较重，不适宜担任现职的，应当根据情况采取停职检查、调整职务、责令辞职、免职、降职等措施。

（四）纪律处分。对失职失责、危害严重，应当给予纪律处分的，依照《中国共产党纪律处分条例》追究纪律责任。

上述问责方式，可以单独使用，也可以依据规定合并使用。问责方式有影响期的，按照有关规定执行。

第九条 发现有本条例第七条所列问责情形，需要进行问责调查的，有管理权限的党委（党组）、纪委、党的工作机关应当经主要负责人审批，及时启动问责调查程序。其中，纪委、党的工作机关对同级党委直接领导的党组织及其主要负责人启动问责调查，应当报同级党委主要负责人批准。

应当启动问责调查未及时启动的，上级党组织应当责令有管理权限的党组织启动。根据问题性质或者工作需要，上级党组织可以直接启动问责调查，也可以指定其他党组织启动。

对被立案审查的党组织、党的领导干部问责的，不再另行启动问责调查程序。

第十条 启动问责调查后，应当组成调查组，依规依纪依法开展调查，查明党组织、党的领导干部失职失责问题，综合考虑主客观因素，正确区分贯彻执行党中央或者上级决策部署过程中出现的执行不当、执行不力、不执行等不同情况，精准提出处理意见，做到事实清楚、证据确凿、依据充分、责任分明、程序合规、处理恰当，防止问责不力或者问责泛化、简单化。

第十一条 查明调查对象失职失责问题后，调查组应当撰写事实材料，与调查对象见面，听取其陈述和申辩，并记录在案；对合理意见，应当予以采纳。调查对象应当在事实材料上签署意见，对签署不同意见或者拒不签署意见的，调查组应当作出说明或者注明情况。

调查工作结束后，调查组应当集体讨论，形成调查报告，列明调查对象基本情况、调查依据、调查过程，问责事实，调查对象的态度、认识及其申辩，处理意见以及依据，由调查组组长以及有关人员签名后，履行审批手续。

第十二条 问责决定应当由有管理权限的党组织作出。

对同级党委直接领导的党组织，纪委和党的工作机关报经同级党委或者其主要负责人批准，可以采取检查、通报方式进行问责。采取改组方式问责的，按照党章和有关党内法规规定的权限、程序执行。

对同级党委管理的领导干部，纪委和党的工作机关报经同级党委或者其主要负责人批准，可以采取通报、诫勉方式进行问责；提出组织调整或者组织处理的建议。采取纪律处分方式问责的，按照党章和有关党内法规规定的权限、程序执行。

第十三条　问责决定作出后，应当及时向被问责党组织、被问责领导干部及其所在党组织宣布并督促执行。有关问责情况应当向纪委和组织部门通报，纪委应当将问责决定材料归入被问责领导干部廉政档案，组织部门应当将问责决定材料归入被问责领导干部的人事档案，并报上一级组织部门备案；涉及组织调整或者组织处理的，相应手续应当在1个月内办理完毕。

被问责领导干部应当向作出问责决定的党组织写出书面检讨，并在民主生活会、组织生活会或者党的其他会议上作出深刻检查。建立健全问责典型问题通报曝光制度，采取组织调整或者组织处理、纪律处分方式问责的，应当以适当方式公开。

第十四条　被问责党组织、被问责领导干部及其所在党组织应当深刻汲取教训，明确整改措施。作出问责决定的党组织应当加强督促检查，推动以案促改。

第十五条　需要对问责对象作出政务处分或者其他处理的，作出问责决定的党组织应当通报相关单位，相关单位应当及时处理并将结果通报或者报告作出问责决定的党组织。

第十六条　实行终身问责，对失职失责性质恶劣、后果严重的，不论其责任人是否调离转岗、提拔或者退休等，都应当严肃问责。

第十七条　有下列情形之一的，可以不予问责或者免予问责：

（一）在推进改革中因缺乏经验、先行先试出现的失误，尚无明确限制的探索性试验中的失误，为推动发展的无意过失；

（二）在集体决策中对错误决策提出明确反对意见或者保留意见的；

（三）在决策实施中已经履职尽责，但因不可抗力、难以预见等因素造成损失的。

对上级错误决定提出改正或者撤销意见未被采纳，而出现本条例第七条所列问责情形的，依照前款规定处理。上级错误决定明显违法违规的，应当承担相应的责任。

第十八条　有下列情形之一，可以从轻或者减轻问责：

（一）及时采取补救措施，有效挽回损失或者消除不良影响的；

（二）积极配合问责调查工作，主动承担责任的；

（三）党内法规规定的其他从轻、减轻情形。

第十九条 有下列情形之一，应当从重或者加重问责：

（一）对党中央、上级党组织三令五申的指示要求，不执行或者执行不力的；

（二）在接受问责调查和处理中，不如实报告情况，敷衍塞责、推卸责任，或者唆使、默许有关部门和人员弄虚作假，阻扰问责工作的；

（三）党内法规规定的其他从重、加重情形。

第二十条 问责对象对问责决定不服的，可以自收到问责决定之日起1个月内，向作出问责决定的党组织提出书面申诉。作出问责决定的党组织接到书面申诉后，应当在1个月内作出申诉处理决定，并以书面形式告知提出申诉的党组织、领导干部及其所在党组织。

申诉期间，不停止问责决定的执行。

第二十一条 问责决定作出后，发现问责事实认定不清楚、证据不确凿、依据不充分、责任不清晰、程序不合规、处理不恰当，或者存在其他不应当问责、不精准问责情况的，应当及时予以纠正。必要时，上级党组织可以直接纠正或者责令作出问责决定的党组织予以纠正。

党组织、党的领导干部滥用问责，或者在问责工作中严重不负责任，造成不良影响的，应当严肃追究责任。

第二十二条 正确对待被问责干部，对影响期满、表现好的干部，符合条件的，按照干部选拔任用有关规定正常使用。

第二十三条 本条例所涉及的审批权限均指最低审批权限，工作中根据需要可以按照更高层级的审批权限报批。

第二十四条 纪委派驻（派出）机构除执行本条例外，还应当执行党中央以及中央纪委相关规定。

第二十五条 中央军事委员会可以根据本条例制定相关规定。

第二十六条 本条例由中央纪律检查委员会负责解释。

第二十七条 本条例自2019年9月1日起施行。2016年7月8日中共中央印发的《中国共产党问责条例》同时废止。此前发布的有关问责的规定，凡与本条例不一致的，按照本条例执行。

信访工作责任制实施办法

(2016年10月8日中共中央办公厅、国务院办公厅印发施行)

第一章 总 则

第一条 为了进一步落实各级党政机关及其领导干部、工作人员信访工作责任,从源头上预防和减少信访问题发生,推动信访问题及时就地解决,依法维护群众合法权益,促进社会和谐稳定,根据国家有关法律法规和中央有关规定,制定本办法。

第二条 本办法所称党政机关,包括党的机关、人大机关、行政机关、政协机关、审判机关、检察机关。

各级党政机关派出机构、直属事业单位以及工会、共青团、妇联等人民团体适用本办法。

国有和国有控股企业参照本办法执行。

第三条 落实信访工作责任制,以邓小平理论、“三个代表”重要思想、科学发展观为指导,深入贯彻习近平总书记系列重要讲话精神,按照“属地管理、分级负责,谁主管、谁负责,依法、及时、就地解决问题与疏导教育相结合”的工作原则,综合运用督查、考核、惩戒等措施,依法规范各级党政机关履行信访工作职责,把信访突出问题处理好,把群众合理合法利益诉求解决好,确保中央关于信访工作决策部署贯彻落实。

第二章 责任内容

第四条 各级党政机关应当将信访工作列入议事日程,定期听取工作汇报、分析信访形势、研究解决工作中的重要问题,从人力物力财力上保证信访工作顺利开展;应当科学、民主决策,依法履行职责,从源头上预防和减少导致信访问题的矛盾和纠纷。

党政机关领导班子主要负责人对本地区、本部门、本系统的信访工作负总责，其他成员根据工作分工，对职权范围内的信访工作负主要领导责任。

各级领导干部应当阅批群众来信和网上信访，定期接待群众来访，协调处理疑难复杂信访问题。

第五条 各级党政机关工作部门对属于本部门职权范围内的信访事项，应当依照有关法律法规规定和程序，及时妥善处理。

垂直管理部门负责本系统的信访工作，应当督促下级部门和单位依法、及时、就地解决信访问题。

第六条 地方各级党委和政府在预防和处理本地区信访问题中负有主体责任，应当加强矛盾纠纷排查化解和信访风险防控预警，针对具体问题明确责任归属，协调督促有关责任部门和单位依法、及时、就地解决，并加强对信访群众的疏导教育。

第七条 各级信访部门应当在党委和政府的统一领导下，协调、指导和监督本地区的信访工作，依照法定程序和诉讼与信访分离制度受理、交办、转送和督办信访事项，协调处理重要信访问题，分析研究信访情况，提出改进工作、完善政策和给予处分的建议。

第八条 各级党政机关工作人员在处理信访事项过程中，应当遵守群众纪律，秉公办事、清正廉洁、保守秘密、热情周到。

第三章 督查考核

第九条 各级党政机关应当将信访工作纳入督查范围，对本地区、本部门、本系统信访工作开展和责任落实情况，每年至少组织开展一次专项督查，并在适当范围内通报督查情况。

第十条 各级党政机关应当以依法、及时、就地解决信访问题为导向，建立健全信访工作考核评价机制，制定科学合理的考核评价标准和指标体系，定期对本地区、本部门、本系统信访工作情况进行考核。考核结果作为对领导班子和领导干部综合考评的重要参考。

各级组织人事部门在干部考察工作中，应当听取信访部门意见，了解掌握领导干部履行信访工作职责情况。

国家信访局负责对各省、自治区、直辖市信访工作情况进行年度考核。对工作成效明显的省、自治区、直辖市予以通报表扬；对问题较多的省、自治区、直辖市，加强工作指导，督促解决存在的问题。

第四章 责任追究

第十一条 各级党政机关及其领导干部、工作人员不履行或者未能正确履行本办法所列责任内容，有下列情形之一的，应当追究责任：

（一）因决策失误、工作失职，损害群众利益，导致信访问题产生，造成严重后果的；

（二）未按照规定受理、交办、转送和督办信访事项，或者不执行信访事项处理意见，严重损害信访群众合法权益的；

（三）违反群众纪律，对应当解决的群众合理合法诉求消极应付、推诿扯皮，或者对待信访群众态度恶劣、简单粗暴，损害党群干群关系，造成严重后果的；

（四）对发生的集体访或者信访负面舆情处置不力，导致事态扩大，造成不良影响的；

（五）对信访部门提出的改进工作、完善政策和给予处分等建议重视不够、落实不力，导致问题长期得不到解决的；

（六）其他应当追究责任的失职失责情形。

对前款规定中涉及的集体责任，领导班子主要负责人和直接主管的负责人承担主要领导责任，参与决策和工作的班子其他成员承担重要领导责任，对错误决策或者行为提出明确反对意见而没有被采纳的，不承担领导责任；涉及的个人责任，具体负责的工作人员承担直接责任，领导班子主要负责人和直接主管的负责人承担领导责任。

第十二条 根据情节轻重，对各级党政机关领导干部、工作人员的责任追究采取通报、诫勉、组织调整或者组织处理、纪律处分的方式进行。上述追责方式，可以单独使用，也可以合并使用。

涉嫌违法犯罪的，按照国家有关法律规定处理。

第十三条 对具有本办法第十一条所列情形、情节较轻的，由有管理权限的党政机关对相关责任人进行通报，限期整改。

第十四条　对受到通报后仍未按期完成整改目标，或者具有本办法第十一条所列情形且危害严重以及影响重大的，由有管理权限的党政机关对相关责任人进行诫勉，督促限期整改。同时，取消该地区、部门和单位本年度评选综合性荣誉称号的资格。

第十五条　对受到诫勉后仍未按期完成整改目标，或者有本办法第十一条所列情形且危害特别严重以及影响特别重大的，由有管理权限的党政机关对相关责任人采取停职检查、调整职务、责令辞职、降职、免职等组织调整或者组织处理措施。

第十六条　对在信访工作中失职失责的相关责任人，应当给予党纪政纪处分的，依纪依法追究责任。

第五章　附　　则

第十七条　各省、自治区、直辖市，中央和国家机关各部门，可以根据本办法制定实施细则。

中央军事委员会可以根据本办法，结合中国人民解放军和中国人民武装警察部队的实际情况，制定具体规定。

第十八条　本办法由国家信访局负责解释。

第十九条　本办法自2016年10月8日起施行。此前发布的有关信访工作责任制的规定，凡与本办法不一致的，按照本办法执行。

党委组织部门信访工作暂行规定

（2006年6月27日中共中央组织部印发　自2006年8月1日起施行）

第一章　总　　则

第一条　为加强和改进党委组织部门信访工作，切实维护党员、干部和群众的合法权益，根据《信访条例》和党委组织部门工作实际，制定本规定。

第二条　本规定所称党委组织部门信访工作是指党委组织部门依据党的路线、方针、政策和组织工作的有关规定，受理和解决党员、干部、群众或者有关组织通过书信、走访、电话、电子邮件、传真等形式提出或反映的有关问题所进行的活动。

党委组织部门信访工作是组织工作的重要组成部分。

第三条　党委组织部门信访工作应当遵循下列原则：

（一）实事求是的原则；

（二）属地管理、分级负责，谁主管、谁负责的原则；

（三）严格按政策办事与做好思想疏导工作相结合的原则；

（四）依法、及时、就地解决问题的原则。

第四条　县级以上党委组织部门应当明确信访工作机构，负责本级党委组织部门的信访工作。信访工作机构可单设，也可与其他内设机构合设。信访工作机构的人员配备要与其工作任务相适应。

党委组织部门应以适当方式向社会公布信访工作机构的通信地址、来访接待的时间和地点、电子信箱、投诉电话等相关信息。

第五条　党委组织部门信访工作的主要职责：

（一）受理、交办、转送信访人提出的信访事项；

（二）承办上级党委组织部门和同级党委交由处理的信访事项；

（三）协助其他部门处理需要本级党委组织部门参与的信访事项；

（四）督促检查信访事项的处理；

（五）研究、分析信访情况，及时向本级党委和上级党委组织部门提出完善政策和改进工作的建议；

（六）对下级党委组织部门的信访工作进行督促检查和指导。

第六条　党委组织部门受理信访事项的范围：

（一）党的组织路线、方针、政策的贯彻执行情况和问题；

（二）对领导班子、领导干部和干部队伍建设有关情况和问题的反映；

（三）党的基层组织建设和党员队伍建设方面的情况和问题；

（四）对组织工作、干部工作、人才工作的询问、意见和建议；

（五）离（退）休干部待遇和管理方面的情况和问题；

（六）对党委组织部门审查和处理结论不服的申诉；

（七）党委组织部门管理权限内的有关人事方面的申诉和要求；

（八）其他应由党委组织部门处理的信访事项。

第二章 信访事项的受理

第七条 党委组织部门收到信访事项，由信访工作机构统一登记并在15日内按下列方式处理：

（一）对属于本级党委组织部门处理的信访事项，转送有关内设机构办理，并书面告知信访人已经受理。

对属于下级党委组织部门处理的信访事项，转交下级党委组织部门。有权处理的部门接到上级部门转交的信访事项后，应当书面告知信访人是否受理。不予受理的，应当说明理由。

（二）对不属于党委组织部门受理的信访事项，转送有关部门处理，并告知信访人向有权处理的部门提出。

（三）对询问组织工作有关政策的，应当书面或口头回复信访人；对组织工作提出意见和建议的，应当书面告知信访人所提意见和建议的处理情况。

（四）对需要其他部门协助处理的信访事项，应当协商有关部门处理。

第八条 对可能造成社会影响的重大、紧急信访事项，应当及时报告本级党委和上级党委组织部门，并在职责范围内及时采取措施，防止不良影响的产生、扩大。

第九条 对采取走访形式提出信访事项的，应告知信访人向有权处理的部门提出。对多人采取走访形式提出共同信访事项的，应告知推选代表，代表人数不得超过5人。

第十条 信访事项在规定期限内已经受理或正在办理，信访人向受理或办理部门的上级机关再提出同一信访事项的，该上级机关不予受理。

信访人在本规定第十六条、第十七条规定的期限内未提出复查、复核请求，或对复核意见不服，仍然以同一事实和理由提出诉求的，党委组织部门不再受理。

第三章 信访事项的办理和督办

第十一条 党委组织部门办理信访事项时，应当坚持原则，严格履行职责,及时组织调查核实,妥善处理,不得推诿、敷衍、拖延。

第十二条　信访事项应当自受理之日起60日内办结,提出信访处理意见。情况复杂的,经本部门负责人批准,可以适当延长办理期限,但延长期限不得超过30日,并告知信访人延期的理由。

第十三条　信访处理意见要事实清楚、定性准确、处理恰当、手续完备。信访处理意见除有保密要求的,应当以书面形式答复信访人。

第十四条　对本级党委组织部门信访工作机构转送内设机构办理的信访事项,有关内设机构要按时反馈办理情况。

第十五条　对上级党委组织部门转送的要求上报信访处理意见的信访事项,经办部门应当逐级上报。上级机关对上报的信访处理意见要严格审核,发现适用政策不当或违反程序的,应当退回经办部门重新办理。

第十六条　信访人对党委组织部门作出的信访处理意见不服的,可以自收到书面答复之日起30日内请求原办理部门的上一级机关复查。收到复查请求的机关应当自收到复查请求之日起30日内提出复查意见,并予以书面答复。

第十七条　信访人对复查意见不服的,可以自收到书面答复之日起30日内向复查机关的上一级机关请求复核。收到复核请求的机关应当自收到复核请求之日起30日内提出复核意见,并予以书面答复。

第十八条　对重大、复杂、疑难的信访事项,可以举行听证。

第十九条　信访人在本规定实施前提出的信访事项尚未办结,或已经办结,信访人又提出新的事实或者理由重新信访的,按照本规定办理。

第二十条　办理机关可对信访处理意见的落实情况进行回访。

第二十一条　有下列情形之一的,应当及时督办,并提出改进意见和建议:

(一)未按本规定受理信访事项的;

(二)未按规定程序和规定期限办理信访事项的;

(三)办理信访事项推诿、敷衍、拖延的;

(四)不执行信访处理意见的;

(五)其他需要督办的情形。

第二十二条　党委组织部门工作人员与信访事项或者信访人有直接利害关系的,应当回避。

第四章 责任追究

第二十三条 因履行职责不当引发信访事项,或隐瞒、缓报重大紧急信访事项和信访信息,造成严重后果的,给予负有直接责任的主管人员和其他直接责任人员党纪政纪处分。

第二十四条 对收到的信访事项未按本规定办理,或在信访事项办理过程中弄虚作假的,由其上级机关责令改正;造成严重后果的,给予负有直接责任的主管人员和其他直接责任人员党纪政纪处分。

第二十五条 将信访人的检举、揭发材料及有关情况透露或者转给被检举、揭发的人员或者单位,或对信访人打击报复的,给予批评教育;情节严重的,给予党纪政纪处分。

第二十六条 对违反《信访条例》第十八条、第二十条规定,扰乱社会公共秩序和信访秩序的,信访工作人员应当对信访人进行劝阻、批评或者教育。经劝阻、批评或者教育无效的,可提请公安机关依法处理。

第二十七条 对违反《信访条例》第十九条规定,捏造歪曲事实、诬告陷害他人的,给予批评教育;情节严重的,可提请公安机关依法处理。

第五章 组织领导

第二十八条 党委组织部门要加强对信访工作的领导,把信访工作列入重要议事日程,建立统一领导、内部协调、各负其责、齐抓共管的信访工作格局。主要负责人要亲自阅批重要来信,接待重要来访,定期听取信访工作汇报,经常分析研究信访形势,及时解决工作中的突出问题。

第二十九条 党委组织部门要加强信访工作制度建设。县级以上党委组织部门应当建立内部信访工作联席会议机制,制定和完善处理信访突出问题及群体性事件、突发事件的工作预案。

第三十条 党委组织部门要加强对下级党委组织部门信访工作的指导,特别是要加强对县级党委组织部门信访工作的指导,提高基层化解矛盾和解决问题的能力。

第三十一条 党委组织部门要重视信访工作机构和队伍建设,加强对信访工作人员的培训，不断提高信访工作人员的政治素质和业务水平。

对在信访工作中做出优异成绩的单位和个人，应当给予奖励和表彰。

第六章 附 则

第三十二条 省（区、市）党委组织部可以根据本规定制定实施办法。

第三十三条 本规定由中共中央组织部负责解释。

第三十四条 本规定自2006年8月1日起施行。1980年3月3日中共中央组织部发布的《各级党委组织部门处理来信来访工作暂行条例》同时废止。

附录二　典型案例

最高人民法院发布第一批涉执信访实质性化解典型案例[①]

案例1　龚某不服执行和解协议信访案

——双方当事人达成执行和解协议，申请人龚某不服应另行提起民事诉讼。江西法院“院领导接访”制度促化解

【基本案情】

龚某与王某英、涂某借款合同纠纷案，2018年4月，江西省南昌市青山湖区人民法院作出民事判决书，判令由王某某偿还83万元及利息，涂某承担连带清偿责任。判决生效后，被执行人王某某、涂某未履行判决义务。2019年7月，龚某申请法院立案执行。执行中，双方当事人协商达成执行和解协议，被执行人按约还款90万元。2021年7月，龚某不服执行和解协议，以该案未执行到位为由信访。江西高院通过院领导接访，耐心倾听其诉求，详细了解案件情况发现，根据《最高人民法院关于执行和解若干问题的规定》，龚某不服执行和解协议的诉求应通过另行提起民事诉讼解决。为减少当事人诉累，及时回应人民群众诉求，江西高院立即督促指导下级法院对该案加大调解工作力度。江西省南昌市青山湖区人民法院迅速行动，上门做被执行人思想工作，动之以情、晓之以理、明之以法。经过不懈努力再次促成双方当事人达成和解并当场履行完毕。该案成功化解。

---

① 《最高人民法院发布第一批涉执信访实质性化解典型案例》，载最高人民法院网2021年11月18日，https://www.court.gov.cn/zixun-xiangqing-332151.html。

【典型意义】

本案是江西法院“院领导接访”制度成功化解涉执信访，减轻群众诉累，落实“我为群众办实事”活动要求的典型案例。“院领导接访”制度，是由江西各级法院院领导定期轮流带案“面对面”接待信访群众，畅通诉求渠道，高位推动矛盾化解，及时解决人民群众“急难愁盼”问题的一项重要举措。本案通过“院领导接访”制度及时找准龚某核心诉求，自上而下联动促成案件再次和解，有效地避免了龚某另行提起民事诉讼产生的诉累，提高了群众获得感和满意度。

案例2 侨胞金某某申请强制执行借款信访案

——被执行人涉案10余件欠债上亿元，无能力履行判决义务。江西三级法院联动协调促执行和解

【基本案情】

金某某与吴某国、高安市某陶瓷有限公司民间借贷纠纷案，2016年12月，江西省高安市人民法院作出民事判决书，判令由吴某国、高安市某陶瓷有限公司偿还800万元及利息。判决生效后，被执行人吴某国、高安市某陶瓷有限公司未按期履行判决义务。2017年9月，金某某申请法院强制执行。执行中，江西省高安市人民法院调查查明，被执行人在多家法院涉及10件在执案件，其财产被另案首先查封且全部存在抵押贷款情况。该院对被执行人吴某国采取司法拘留措施，因身体原因无法收拘。根据申请执行人金某某提供的线索，该院深入调查发现被执行人高安市某陶瓷有限公司有租金收入。但该租金被当地镇政府监管，用于偿还其拖欠的工人工资800余万元，以及税款、环保费、电费、物业费等1200余万元等。因租金不足支付全部工人工资和各类欠费，且受疫情影响租金下降，致案件难以执行租金受偿，引发金某某信访。江西高院予以执行督办并联合宜春市中级人民法院赴高安实地督导，组织双方当事人协商，促使吴某国承诺每月支付5万元至10万元，并提供一处他人名下的国有出让工业用地进行担保，获得金某某的同意，案件得以顺利化解。2021年9月，该案执行到位280万元，剩余款项正在按约履行中。

【典型意义】

本案是省市县三级法院联动化解重大疑难复杂涉执信访的典型案例。在这起案件中，江西省高级人民法院第一时间督办处理，宜春市中级人民法院跟踪问效，高安市人民法院深入调查、多方沟通、积极协调。案件执行面临困局时，省市两级法院赴实地督导，当场组织双方当事人协商达成分期付款加财产担保的执行和解协议，成功妥善化解了该起侨胞信访案，体现了人民法院切实解决人民群众诉求的信心和决心，取得了较好的政治效果和法律效果。

案例3 陈某某等124名农民工申请强制执行劳动报酬信访案

——被执行人欠下巨额债务，无力支付203万元工资，引发农民工集体信访。萍乡两级法院运用“协同执行”机制成功化解信访矛盾

【基本案情】

陈某某等124名农民工与萍乡市某烟花爆竹制造有限公司追索劳动报酬纠纷案，2020年10月，江西省芦溪县人民法院作出多份民事判决书，判令由萍乡市某烟花爆竹制造有限公司支付劳动报酬合计203万元。判决生效后，被执行人萍乡市某烟花爆竹制造有限公司未履行判决义务，同年12月，陈某某等124名农民工申请法院强制执行。执行中，江西省芦溪县人民法院调查发现被执行人萍乡市某烟花爆竹制造有限公司在萍乡市中级人民法院、安源区人民法院、上栗县人民法院均有借款纠纷案件在执，欠款金额高达2000余万元，无财产可供执行，致本案执行不能，暂以终结本次执行程序结案。其间，江西省芦溪县人民法院根据举报线索，查实并冻结了被执行人退出烟花爆竹生产政府奖补金80万元。但该奖补金也被江西省萍乡市中级人民法院等其他3家法院冻结。2021年6月，陈某某等124名农民工得知情况后到市、县集体信访，请求优先受偿。为妥善化解农民工集体信访矛盾，江西省芦溪县人民法院报请萍乡市中级人民法院启动协同执行机制。该院经审查决定协同执行，并同意由江西省芦溪县人民法院扣划、提取奖补金和主持分配。江西省芦溪县人民法院将该笔奖补金扣划到位，并组织召开债权人会议。陈某某等124名农民工以其债权为工资为由要求优先受偿。其他债权

人以其案件首先有效冻结为由要求按比例分配。各方未达成一致分配意见。江西省芦溪县人民法院采取见证执行方式，与债权人一同前往相关单位调查，确认该院冻结为首先有效冻结。同时该院采取执行听证方式，释明农民工生活困难情况，消除其他债权人猜疑，获得了大多数借款债权人支持。2021年8月，该院制作并送达财产分配方案，确定由陈某某等124名农民工受偿，各方均未提出异议，现已将80万元发放完毕，矛盾得以顺利化解。

【典型意义】

本案是运用协同执行机制成功化解农民工集体涉执信访的典型案例。协同执行机制是最高人民法院建立的针对重大、疑难、复杂或长期未结等执行案件，上级法院发挥统一协调职能优势，统一调度使用辖区法院执行力量，协同、帮助辖区法院实施强制执行，切实为基层法院减负的一项工作机制。本案中，江西省萍乡市中级人民法院决定启动协同执行机制，并协调辖区其他法院同意统一由江西省芦溪县人民法院提取奖补金。执行中，江西省芦溪县人民法院采取见证执行、执行听证、债权人会议等方式，充分保障各方当事人的知情权、异议权，有效解决了首先冻结、财产分配争议问题，顺利将款项发放给陈某某等124名农民工，将一起群体性信访事件及时消化在基层，取得了较好法律效果和政治效果。

案例4　宋某申请强制执行人身损害赔偿款信访案

——被执行人与申请人达成执行和解后下落不明，申请人长达20年未申请法院继续执行致案件陷入困局。江西省井冈山市人民法院运用“三推送”机制成功执结

【基本案情】

宋某与郭某、肖某、刘某、罗某中人身损害赔偿纠纷案，2000年12月，江西省井冈山市人民法院作出民事判决书，判令由郭某、肖某、刘某赔偿14097.52元，由罗某中赔偿42238.56元。判决生效后，被执行人未履行判决义务。2001年2月，宋某申请法院强制执行。执行中，被执行人郭某、肖某和刘某支付了赔偿款。同年4月，江西省井冈山市人民法院组织宋某与被执

行人罗某中调解并达成执行和解协议,约定由罗某中向宋某直接支付赔偿款。和解后,被执行人罗某中外出打工下落不明,申请人宋某长期未向法院反馈此情况并要求继续执行,直至2021年4月在第一批政法队伍教育整顿期间才反映此案,致案件未能得到及时执行。江西省井冈山市人民法院立即启动"三推送"机制,向当地村委会、乡镇、民政、公安等推送被执行人罗某中信息,请求协助查找下落线索。"三推送"协助部门反馈未发现被执行人罗某中的行踪。但通过公安反馈结果发现被执行人罗某中现已更名为罗某忠。该院及时将此情况告知"三推送"协助部门,并根据反馈线索顺利找到了被执行人罗某忠。经传唤,罗某忠到江西省井冈山市人民法院当场履行了9950元。其间,该院拟采取司法拘留措施,考虑到其父母已过世,夫妻长期分居,独自抚养3个小孩,决定暂缓拘留。但被执行人罗某忠出具承诺书并履行19000元。2021年5月,该案全部执行完毕,且被执行人罗某忠另支付了25000元的迟延履行金。至此,该起20年前和解未履行案件得以顺利执结。

【典型意义】

本案是运用"三推送"执行机制成功化解涉执信访的典型案例。"三推送"机制是在党委政法委的领导下,依托基层综治中心,将协助执行工作纳入基层社会治安综合治理网格化管理的范围,由法院向相关单位、基层组织推送被执行人信息,请求协助送达、查找下落和财产线索、督促履行、化解涉执信访、开展法律宣传等的工作机制。江西省井冈山市人民法院启动该工作机制,在公安、村委会等协助下,成功查找到被执行人,并经过认真细致的工作,促成双方当事人和解并履行完毕,取得了较好的执行效果。

案例5 曾某某申请强制执行交通事故赔偿信访案

——被执行人患严重疾病危及生命致生活困难,根本无力履行赔偿义务。江西省广昌县人民法院运用司法救助制度促化解

【基本案情】

曾某某与张某富道路交通事故损害赔偿纠纷案,2018年6月,江西省广昌县人民法院作出民事判决书,判令由张某富赔偿5.6万元。判决生效后,被执

行人张某富未履行判决义务。同年9月,曾某某申请法院强制执行。执行中,江西省广昌县人民法院认真开展调查,被执行人张某富已离婚和外出务工,仅有一未成年儿子和60岁母亲在家,家庭生活十分困难,未发现可供执行财产。但根据举报线索在车站蹲守成功将被执行人张某富拘传到法院。江西省广昌县人民法院拟进一步采取司法拘留措施,但体检时发现被执行人张某富患严重强直性脊椎炎,随时有生命危险,且因无力支付高额医疗费至今未就医,不宜收拘,案件执行陷入困境。为此,江西省广昌县人民法院一方面协调村干部和被执行人亲属做其履行赔偿义务的思想工作,另一方面将被执行人家庭和身体状况反馈给申请人,得到其理解。考虑双方当事人家庭均十分困难,江西省广昌县人民法院主动向当地党委政法委报告案件情况争取支持,帮助申请人申报国家司法救助资金,以解燃眉之急。2021年7月,该案通过司法救助方式成功化解。

【典型意义】

本案是成功运用国家司法救助制度有效化解小标的涉民生执行信访的典型案例。类似该案的执行实践中,人民法院往往遇到双方当事人家庭生活均十分困难的情况,被执行人根本无力履行致案件执行不能而引发信访。本案执行中,江西省广昌县人民法院除加大执行力度外,还多措并举,协调各方做好当事人的思想工作,积极运用国家司法救助制度帮助申请人纾解生活困难,既维护了胜诉当事人的合法权益,也赢得了双方当事人的满意,最大限度地化解信访矛盾,促进社会和谐稳定,具有较强的指导意义。

案例6　艾某申请强制执行工伤赔偿信访案

——被执行人隐藏财产拒不履行国家脱贫对象工伤赔款,江西省新余市渝水区人民法院运用执行专项调查措施促案件顺利执结

【基本案情】

艾某与新余某机械制造有限公司工伤赔偿纠纷案,2018年8月,江西省新余市渝水区人民法院作出民事判决书,判令由新余某机械制造有限公司赔偿64万余元。判决生效后,该公司未履行判决义务。同年10月,艾某申请法院强制执行。执行中,江西省新余市渝水区人民法院迅速查控了被执行人名下

财产，并执行到位4.4万元，之后未能发现其他财产，案件进入执行不能状态。考虑到申请人艾某工伤伤残四级且已离婚，无经济收入来源，还需抚养未成年女儿，系低保户、贫困户和国家脱贫对象，江西省新余市渝水区人民法院认真分析案情、改变执行思路、制定周密方案，依艾某申请追加该公司唯一股东尹某为本案被执行人，并开展深挖调查工作。经梳理分析调查线索，被执行人与新余市某钢铁公司有业务往来，并迅速冻结和扣划到位12万余元货款。同时发现被执行人隐名持有某典当公司股权，并迅速启动评估、拍卖程序。结合前述情况，该院拟进一步采取追究拒执罪措施。被执行人迫于执行压力，主动找到法院请求调解，最终在法院主持下达成执行和解协议，被执行人支付了45万余元赔偿。2021年5月，该案得以圆满解决，艾某赠送锦旗表示感谢。

【典型意义】

本案是人民法院充分发挥执行职能，运用执行专项调查措施，深挖调查财产线索顺利推动案件执结，服务和保障党中央乡村振兴大局的典型案例。因意外伤害致贫，是贫困产生的一个高发原由，也是影响社会和谐稳定的重要因素。这类弱势群体的权利维护，是执行工作服务乡村振兴大局，落实“我为群众办实事”活动的具体要求。本案中，申请人艾某的生活在伤残后陷入贫困，江西省新余市渝水区人民法院开展执行专项调查，穷尽执行方法，综合运用各项强制执行措施，展开强大执行攻势，最终顺利将该案执结，取得了较好的政治效果、社会效果和法律效果。

案例7　胡某某申请强制执行办证信访案

——案涉房屋不符合登记规定导致无法办证，案件陷入执行不能境地。江西省景德镇市珠山区人民法院创新方法，多方协调成功化解“骨头案”

【基本案情】

信访人胡某某与景德镇某中学拆迁安置补偿合同纠纷案，2003年12月，江西省景德镇市中级人民法院作出二审民事判决书，判令由景德镇某中学代为办理并向胡某某交付教师公寓房屋所有权证。同时由该中学支付逾期交付房屋所有权证的违约金。判决生效后，景德镇某中学未按期履行判决义务。2004 年 3 月，胡某某申请强制执行。执行中，江西省景德镇市珠山区人民法院调查发现案涉房屋因历史原因、手续不全，不符合办证规定，房地产管理部门无法协助办理，导致案件执行不能。为推动案件执行，该院组织双方当事人多次协商达成“房屋置换”和解方案，约定由被执行人景德镇某中学每年支付逾期违约金 5000 元，直至办证完毕止。同时由被执行人协调解决房屋置换问题。和解履行期间，被执行人景德镇某中学按约支付违约金，但未履行房屋置换义务。第一批政法队伍教育整顿期间，信访人胡某某上访要求强制执行办证。江西省景德镇市珠山区人民法院成立由局长带队的执行专班多次到房管、不动产登记等部门协调，均无法办证。面对困难，执行专班采取“背对背、面对面”等方式与当事人沟通，成功促使双方达成“房屋回购”和解方案，并得到了当地政府大力支持。2021 年 6 月，该案顺利得到化解。

【典型意义】

本案是人民法院执行干警以啃“硬骨头”的精神，创新执行方法成功化解疑难复杂涉执信访的典型案例。本案中，因涉案房屋不符合办证规定，江西省景德镇市珠山区人民法院不能通过强制执行将不具备办证条件房屋“合法化”，导致案件执行不能，引发申请人胡某某上访。为妥善化解信访矛盾，该院促成双方当事人达成“房屋置换”和解方案仍难以执行完毕。于是，该院改变执行思路，多方协调，再次促成双方当事人达成“房屋回购”和解方案，并在当地党委政府的大力支持下，破解了回购款支付难问题，促使信访矛盾得以彻底化解，取得了较好的政治效果、社会效果和法律效果。

案例 8　杨某某申请强制执行企业偿还欠款信访案

——被执行人受疫情影响生产经营陷入困难，难以履行判决义务，被纳入失信名单。江西省南昌市西湖区人民法院运用信用承诺和信用修复机制双向化解信访矛盾

【基本案情】

杨某某与南昌某建筑有限公司借款合同纠纷案，2017 年 9 月，江西省南昌市西湖区人民法院作出民事判决书，判令由南昌某建筑有限公司偿还 28

万元及利息。判决生效后，被执行人南昌某建筑有限公司未履行判决义务。2018 年 4 月，杨某某申请法院强制执行。执行中，江西省南昌市西湖区人民法院深入开展线上线下调查，发现被执行人南昌某建筑有限公司在该院涉案较多且未能全部执行到位，存在执行不能的风险。经多次做思想工作，被执行人陆续履行大部分款项。其间，受疫情影响且被纳入失信名单，被执行人银行贷款审批受阻、企业重组遇到困难和无法正常进行工程投标，致无力偿还剩余借款。考虑此种情况，江西省南昌市西湖区人民法院决定采取执行和解方式对被执行人进行信用修复，且多次组织双方当事人协商，最终促成分期还款的和解方案，并由杨某某申请法院暂时解除失信名单。信用修复后，被执行人南昌某建筑有限公司履行了全部还款义务。2021 年 3 月，该案得以顺利执结。

【典型意义】

本案是人民法院秉持善意文明执行理念，成功运用信用承诺和信用修复机制双向化解信访矛盾的典型案例。本案中，江西省南昌市西湖区人民法院面对执行不能的困难，组织双方当事人协商促成和解，并征得申请人同意后实施信用修复措施，有效帮助被执行人恢复生产经营、重获盈利能力，全部偿清债务。该案执行既保障了胜诉当事人的合法权益得以兑现，又帮助被执行企业得以复产复工，起到了“办理一个案件救活一个企业”示范作用，对全国法院类似案件的办理具有较强的指导意义。

案例 9 刘某某申请强制执行村小组支付工程款信访案

——被执行财产难以变价造成执行困难。江西省新干县人民法院紧紧依靠当地党委政府妥善化解信访矛盾

【基本案情】

刘某某与新干县金川镇某村委会某村小组建设工程施工合同纠纷案，2014 年 9 月，江西省新干县人民法院作出民事判决书，判令由该村小组支付工程款 10 万余元及利息。判决生效后，新干县金川镇某村委会某村小组未履行判决义务。同年 11 月，刘某某申请法院强制执行。执行中，江西省新干县人民法院查明，被执行人新干县金川镇某村委会某村民小组有村民活动中

心房屋一栋、休闲广场一处、某水库50%所有权和水库岛屿一座。上述土地为农村集体所有性质，依法不能直接面向社会公开拍卖，当地村民不愿购买，导致案件执行不能。为破解执行难题，江西省新干县人民法院根据线索得知当地政府有意征收被执行人所有的水库岛屿，积极与当地水务部门沟通，并向县委政法委专题报告。该县委政法委组织召开案件协调会，协调同意由被执行人的上级组织新干县金川镇某村委会代为清偿。因该村委会未按期履行还款义务，江西省新干县人民法院依申请追加其为本案被执行人。新干县金川镇某村委会未提出异议，并承诺偿还10万元本金，但未得到申请人刘某某同意。案件执行再次陷入僵局。江西省新干县人民法院面对困难反复组织双方当事人协商促成和解，由新干县金川镇某村委会偿还12万元工程款，剩余1万元利息放弃。同时在当地县委政法委再次协调下，该村委会将名下水库区380亩滩地出租给某农业开发公司，并将租金12万元支付给刘某某。2021年7月，本案得以顺利执结。

【典型意义】

本案是人民法院紧紧依靠党委政府成功化解涉执信访的典型案例。如何化解村委会、村小组债务纠纷是当前人民法院面临的一项紧迫而艰巨的任务。在当前法律政策框架下，盘活村集体组织名下闲置资产，紧紧依靠党委政府推动土地承包权流转或入股不失为一项有效措施。本案中，江西省新干县人民法院直面困难、多方协调、多方联动，紧紧依靠当地党委政府支持成功化解了信访矛盾，进而避免影响新农村建设和村集体组织的正常运转，维护了村集体组织的声誉，对今后处理同类案件提供有益经验。

案例10 某电梯有限公司申请强制执行货款信访案

——被执行人的法定代表人伙同他人转移公司租金收入，拒不履行还款义务。江西省宜春市袁州区人民法院创新使用“预告知+预通知”执行措施攻克执行不能难题

【基本案情】

某电梯有限公司与江西某物流有限公司买卖合同纠纷案，2020年3月，

江西省宜春市袁州区人民法院作出民事调解书,确认由江西某物流有限公司支付货款92.7万元。调解生效后,江西某物流有限公司未履行还款义务。同年6月,某电梯有限公司申请法院强制执行。执行中,江西省宜春市袁州区人民法院线上调查发现,被执行人名下除一块被另案多次查封的土地外无其他登记财产。该院派员现场调查发现,被执行人已搬离原址,但原址处新建的一栋办公楼,引起了办案人员注意。经过走访了解,被执行人建起该栋办公楼但未办理产权证书,并将其出租给其他公司办公,年租金收入100万元。江西省宜春市袁州区人民法院遂对租金流向进行调查,发现被执行人的法定代表人李某东伙同员工李某安以该员工的银行账号将租金转移,存在规避执行的违法行为,涉嫌构成拒执犯罪。在查清事实后,该院创新使用罚款和追究拒执罪等强制措施,于2021年3月12日分别向被执行人的法定代表人李某东和员工李某安发出《涉嫌拒执犯罪预告书》和《预罚款通知书》,限在7日内清偿全部货款,否则将其涉嫌拒不执行判决、裁定罪线索移送公安机关侦查,并分别罚款10万元。被执行人于7日内清偿了全部货款。李某东和员工李某安向法院出具了悔过书。同年3月19日,该案得以执行完毕。

【典型意义】

本案是人民法院创新使用罚款和追究拒执犯罪措施,采取预罚款和涉嫌拒执犯罪预告等方式成功推动案件执行完毕和有效化解信访矛盾的典型案例。执行实践中,被执行人对办案人员的“涉嫌拒执犯罪”口头警告往往不以为然,根本没充分意识到转移财产规避执行所产生的严重法律后果。本案中,江西省宜春市袁州区人民法院创新运用“预告知+预通知”执行模式,让被执行人意识到规避执行的法律后果,给予其权衡利弊作出选择的时间,同时给予被执行企业法定代表人李某东和员工李某安悔改的机会,促使其主动履行判决义务,充分体现了善意文明的执行理念,彰显司法的权威和温度。

最高人民法院发布第二批涉执信访实质性化解典型案例①

案例 1　法拍房买受人韦某申请强制腾退信访案

——法拍房成交后出现承租人异议，买受人信访要求法院强制腾退，北京市第三中级人民法院在保证程序正义基础上，引入心理疏导等多手段联动机制，促使法拍房实际占用人主动腾退

【基本案情】

张某与李某、庞某仲裁执行案，2020 年 12 月，案涉不动产经拍卖成交。此后，被执行人亲属李某 1 与法院联系，称其之前出过买房款，故对该房产享有使用权，法院不能要求其腾退，态度强硬。而后，同系被执行人亲属的张某 1、李某 2 向法院申请执行异议，主张其是案涉房产承租人。异议审查期间，北京市第三中级人民法院中止对案涉不动产的强制腾退工作。异议被裁定驳回后，当事人又向北京市高级人民法院复议。复议案件审查期间，买受人韦某信访称其认为本案存在消极执行问题，要求法院考虑其实际困难，尽快腾房。法院考虑到买受人孕晚期的特殊身体、心理状况，与其多次进行恳切沟通，充分释明本案因程序原因暂时中止执行的客观情况，晓之以理，动之以情，对其进行情绪疏导和宽慰，尽可能减少对其身体的不利影响。2021 年 8 月 30 日，北京市高级人民法院裁定驳回张某 1、李某 2 的复议请求。租赁权阻碍消失后，北京市第三中级人民法院多措并举，力求以最短时间、最小伤害、最好效果完成案涉房产的腾退工作。经调查，案涉房产的实际占用人为

---

① 《最高人民法院发布第二批涉执信访实质性化解典型案例》，载最高人民法院网 2021 年 12 月 21 日，https://www.court.gov.cn/zixun-xiangqing-337931.html。

被执行人的父母，两位老人年龄较大，且被执行人父亲患有癌症，强制腾退风险较高。同时，李某1在与法院沟通过程中多次表示，如果强制腾退，其也不会善罢甘休。为妥善解决纠纷，保障各方人身财产安全，法院有针对性地作出尽可能以劝说主动腾退为主、强制腾退为辅的基本工作方案。一方面，法官多次前往案涉不动产所在地并与实际占用人及被执行人沟通，晓以利害，分析主动腾退的好处及强制腾退的风险。另一方面，立即启动强制腾退准备工作，充分考虑强制腾退可能出现的意外情况，制定包含腾退后安置场所、物品运输、警力、医疗、消防、罚款、拘留等强制腾退预案，张贴强制腾退公告，以强制腾退的威慑力为辅助手段。同时，北京市第三中级人民法院与申请执行人积极沟通，申请执行人对实际占用人及被执行人的实际情况表示理解与同情，主动减免一部分被执行人所欠债务，促使实际占用人主动腾退。经过多方沟通协调，实际占用人愿意主动配合腾退，北京市第三中级人民法院于2021年10月将案涉不动产交付至买受人手中，实质化解信访。

【典型意义】

本案是人民法院注重心理疏导、沟通化解矛盾，多措并举以主动腾退代替强制腾退，实现法拍房顺利交付，有效化解信访矛盾的典型案例。法拍房的腾退交付工作是涉执行信访的突出矛盾之一，不动产拍卖成交后出现以承租为由的异议已成为阻碍法拍房交付的常见因素。本案中，北京市第三中级人民法院在保障程序正义的前提下，全面把握腾退工作所涉各方的核心诉求，制定有针对性的腾退方案，采取张弛有度的执行行为，同时将心理疏导机制引入信访化解，体现了人民法院切实解决人民群众诉求的信心和决心，实现了社会效果与法律效果的统一。

案例2　刘某某等申请强制执行交通事故赔偿款信访案

——特大交通事故致五死二伤，被执行人因交通肇事被判刑，无力支付巨额赔偿，导致多个家庭陷入困境，死者家庭多人多次信访。江苏三级法院运用联动救助机制，成功化解信访积案

【基本案情】

刘某某等人与李某、董某某、临沭市某运输公司机动车交通事故责任纠纷案，江苏省苏州市吴中区人民法院作出多份民事判决，判令李某、董某某向该起交通事故中5名死者的近亲属赔偿358万余元，不足部分由临沭市某运输公司赔偿。判决生效后，上述各案5名死者的近亲属于2013年数次向江苏省苏州市吴中区人民法院申请强制执行。执行中，三被执行人均无财产可供执行，董某某因交通肇事罪被判处有期徒刑6年，江苏省苏州市吴中区人民法院经多次执行仍无法有效执结，因被执行人户籍所在地为山东省临沭县，该院于2013年3月委托山东省临沭县人民法院执行，亦未能有效执结。本次事故造成多个申请执行人家庭因此陷入困境，并引发多人多次重复信访。

2018年10月，江苏省高级人民法院协同执行法院多次赴山东临沭、江苏赣榆执行，均未能查找到被执行人可供执行的财产。2019年10月，江苏省苏州市吴中区人民法院立案恢复执行，经多次查询仍未能查到被执行人财产情况，再次前往山东临沭、江苏赣榆执行亦未果。上述案件穷尽执行措施后仍执行不能，未执行到位金额总计358万余元。

上述案件中的申请执行人有多名老人和未成年人，无生活来源，基本生活难以维系。江苏省苏州市吴中区人民法院在收到当事人提交的司法救助申请后，分别于2014年2月、2015年3月、2017年2月、2019年2月、2020年1月，分期向5个死者家庭发放执行救助款共计30万元，但因司法救助金额有限，案件始终无法执行到位，多个家庭仍无法摆脱困难并多次赴省信访。为此，江苏省高级人民法院决定启动三级法院联动救助机制，并向江苏省委政法委汇报，江苏省、市、区三级党委政法委、法院迅速召开刘某某系列案件信访化解专题会议，经研究会商，5个死者家庭因交通事故损失特别重大，生

活特别困难,合法权益始终未得到有效维护,为维持其家庭正常生活,妥善平息社会矛盾,按照司法救助规定,应给予刘某某等人最大限度的司法救助,由三级党委政法委、法院进行联合救助,确定联合救助金额150万元。同时,经向刘某某等人进行释法明理,5个死者家庭均承诺息诉罢访。2021年,该案通过司法救助方式成功化解,江苏省苏州市吴中区人民法院将到位的救助资金分批向各死者家庭予以发放,2021年9月,该院执行局局领导对获得救助的家庭进行回访,当事人均对人民法院通过联合救助方式解决纠纷表示感谢。

【典型意义】

本案是省、市、区三级法院紧紧依靠各级党委政府支持,运用联合救助方式妥善化解信访积案的典型案例。本案所涉交通事故造成5人死亡的严重后果,被执行人无力履行,申请执行人多个家庭生活陷入极度困难,并为此多人多次信访。江苏三级法院及时运用国家司法救助制度,畅通上下级法院执行联动救助渠道,积极协调争取更多的司法救助资金,提升司法救助额度,缓解基层法院资金不足难题,使因案致贫的多个家庭走出困境,以实际行动解决人民群众急难愁盼问题,最大限度化解信访矛盾,保障社会和谐稳定,体现了司法救助扶危济困的价值追求。

案例3 灌南县某房地产公司系列信访案

——房地产开发商资金断裂,大量预售商品房无法完成交付,买受人集体上访。江苏省灌南县人民法院创新"附条件托管"制度促化解

【基本案情】

江苏省灌南县人民法院自2016年起,立案受理原告李某等人分别起诉被告灌南县某房地产公司商品房销售合同纠纷、建设工程施工合同纠纷、金融借款合同纠纷共31件案件,案涉金额达6000多万元,其中金额最大的为原告连云港某建设公司诉被告灌南县某房地产公司建设工程施工合同纠纷一案。

2016年1月,被告灌南县某房地产公司将自己开发的总面积约为46700

平方米的商业用房和面积约为2600平方米的地下人防工程承包给原告连云港某建设公司施工建设，工程总价为6700万元。合同签订后，连云港某建设公司按约进行施工，施工过程中，灌南县某房地产公司一直变更相关要求，双方于同年11月20日签订了建设工程施工补充协议，建筑总面积变更为5万平方米，总价款变更为8500万元，工程付款方式变更为20#、21#楼达到二层时，灌南县某房地产公司付款2000万元，建设到五层时，付至3000万元，建至九层时付至4000万元，20#、21#楼竣工验收时付至总造价的97%。在连云港某建设公司已建超过9层时，灌南县某房地产公司未能按约定的进度支付工程款。连云港某建设公司于2017年1月13日起诉，要求灌南县某房地产公司暂支付原告工程款4000万元。案件审理过程中，经江苏省灌南县人民法院主持调解，双方当事人自愿达成如下协议：被告灌南县某房地产公司于2017年1月20日前支付原告连云港某建设公司工程款4000万元。另外，原告连云港某建设公司通过江苏省灌南县人民法院(2016)苏0724财保141号民事裁定保全被告灌南县某房地产公司所有的龙都花园三期的相关房产，享有了对其优先受偿的权利。

被告灌南县某房地产公司除无法支付连云港某建设公司工程款、无法偿还对其他债权人的融资款外，因资金断裂，其房地产开发项目不得不停工，大量已经预售的商品房无法完成交付，但这部分商品房买受人并未通过民事诉讼方式维护自身合法权益，而是采取至灌南县人民政府集体上访的方式，试图挽回自身的损失，更有商品房买受人至北京找中央机关上访。

灌南县某房地产系列民事案件判决先后生效，因该公司未主动履行法律文书确定的义务，申请执行人先后向江苏省灌南县人民法院申请执行，其中最大的债权人连云港某建设公司最先于2017年1月22日向江苏省灌南县人民法院申请执行。立案执行后，执行法院向被执行人送达执行通知书、报告财产令等执行文书，执行指挥中心发起网络查控，实施团队对被执行人进行传统查控。2017年2月5日，执行法官对被执行人灌南县某房地产公司开发的建设工程进行了现场勘察，了解开发楼盘的完成情况并向部分商品房买受人调查商品房交付情况。2017年6月6日，执行法官接待了部分案涉信访群众，了解到案涉三期建设工程尚未完工，已预售的房产因水电等附属工程不完善而无法进行交付且无法办理产权变更登记手续，致信访群发。2017年9月27日，向供水、供电、人防、税务、住建等多部门了解被执行人欠费情况。2018 年年初,召开债权人会议,通报本案情况。2018 年 4 月 27 日,召开首次被执行人、债权人代表、信访群众代表会议,充分进行沟通协调,但因各方之间矛盾较大,未就案涉财产处置方案达成一致意见。执行法院综合各方因素,认为案涉三期工程暂不宜处置。2019 年,执行法院又多次组织召开各方代表会议,仍未能达成一致意见。故执行法院依法对灌南县某房地产公司所有的剩余未开发的土地使用权进行了询价,2020 年 9 月 22 日,询价结果为:灌南县某房地产公司所有的土地使用权总价为 5620500 元,钢筋混凝土预应力桩基础总价为 1341000 元。无论是执行法院预判之被执行人资产价值还是实际询价结果,被执行人所有可处置资产根本不足以偿付向江苏省灌南县人民法院申请执行的申请人的债权,遑论尚未导入司法程序的大量信访房屋买受人之权益保护。并且,如果将该地块拍卖,所有权人变更后,因行政法规定楼间距等问题,新所有权人使用该地块建设建筑物数量将少于原可以建设数量,且原先已经快要施工完成的工程项目也会因为再没有资金注入而彻底变成“烂尾楼”,债权人实现利益与债务人付出的代价不符合比例原则。

执行法院积极争取党委政府的支持,积极与申请执行人、被执行人沟通,2020 年,多次召开多方主体参加的联席会议,探索创新和解模式,最终达成采用申请执行人托管被执行人可处置资产以及债务的方式,兼顾各方当事人的利益诉求的方案。2020 年 12 月 17 日,被执行人灌南县某房地产公司与连云港某建设公司、孟某元(申请执行灌南县某房地产公司的第二大申请执行人)达成和解托管协议。和解托管协议约定,灌南县某房地产公司将前期的扫尾工作及 22#、23#、24#共三幢楼的开发事宜以及建筑安装、房屋销售及整体小区的收盘全部委托给债权人连云港某建设公司、孟某元经营管理,涉及土地使用权后期开发的房产中,以 2020 年 11 月 19 日执行法院确定的土地评估价作为其抵偿债权人债务的资产,灌南县某房地产公司对该土地上新建楼盘不享有任何财产权益,不参与新建房产销售利润分配,申请执行人连云港某建设公司、孟某元与被执行人灌南县某房地产公司债权债务关系消灭,且二申请执行人承受灌南县某房地产公司欠政府债务 1100 万元,员工工资 235 万元,经执行法院判决和调解生效的债务 450 万元。和解托管协议已在履行过程中,案涉土地上工程项目已经施工建设,上访群众也已经息访。

2021 年,执行法院对案涉三期工程施工情况、相关债权的履行情况、完工商品房交付等情况进行了跟进回访,目前和解托管协议履行良好。

【典型意义】

在灌南县某房地产公司附条件托管系列案件执行过程中，江苏省灌南县人民法院充分发挥政府有关部门的协调、组织作用，与申请执行人、被执行人保持良性沟通，克服诸多执行难点，有效衔接司法审判权与行政审批权，创新运用附条件托管被执行人债权债务的模式，善意文明执行，最大限度实现胜诉当事人的合法权益，充分发挥了执行职能作用，有效推动了法治化营商环境建设，对于推进国家治理体系和治理能力现代化、推进社会诚信体系建设起到了积极作用。

案例4　王某某申请个人债务重整信访案

——被执行人王某某身负巨额债务长达20余年，浙江省遂昌县人民法院积极引入个人债务重整制度，成功化解王某某系列债务纠纷

【基本案情】

2014年12月24日，浙江省遂昌县人民法院立案执行申请执行人叶某某和被执行人王某某民间借贷一案，执行标的额190000元。执行过程中，该院通过“点对点”财产查询、线下调查等方式，均未发现被执行人王某某有可供执行的财产。2015年6月9日，该院将王某某纳入失信被执行人名单，并对该案予以程序终结。此后，该院又陆续立案执行王某某为被执行人的案件10件，累计执行标的额达260余万元，均以程序终结结案。

浙江省遂昌县人民法院在王某某系列案件执行过程中发现，王某某早年因做工程失败而背负300余万元巨额债务，拖欠至今已长达20余年。由于债务多、金额大，尤其是逾期利息逐年增加，加之自2002年起王某某母亲生病瘫痪在床需人照顾，长期以来王某某一边照顾母亲，一边靠打零工维持基本生活，根本无力清偿巨额债务，也没有偿还债务的想法。每当债权人上门讨债时，他就四处逃避，因此多次遭到债权人的威胁甚至殴打。有的申请执行人因未能执行到款项，就迁怒于法院，认为法院执行不力，到处向有关部门信访。

2020年下半年，浙江省遂昌县人民法院被浙江省高级人民法院确定为

全省个人债务集中清理试点法院，探索开展个人债务集中清理工作。2021年4月，因王某某父亲（已故）的房产被征迁，王某某继承了237万元拆迁款。2021年4月21日，王某某在得知浙江省遂昌县人民法院正在试行通过个人债务重整一揽子解决债务的做法后，为了彻底解决自己长达20多年的债务问题，不再过四处躲债、担惊受怕的日子，便主动向该院提交了个人债务重整申请书。

申请个人债务重整期间，除已进入执行程序的11件案件外，王某某还主动申报了未进入司法程序的32笔债务，这些债务大部分已过诉讼时效。重整过程中，浙江省遂昌县人民法院审查确认王某某对外欠债355万余元，可分配款项为237万元，由于债权人之一的遂昌县某商业银行以内部规定不允许为由不愿作出让步，导致重整陷入僵局。为妥善化解矛盾，该院多次与遂昌县某商业银行等债权人进行沟通协调，最终促使遂昌县某商业银行修改内部规定，并组织各方债权人就债权受偿比例达成一致。成功达成协议后，遂昌县某商业银行表示该行将以此案为一个起点，依托浙江省遂昌县人民法院个人债务重整制度对其个人不良贷款处置机制进行全面改革，力争在最大程度实现其自身不良贷款回收的同时，帮助更多债务人摆脱债务危机过上正常生活，实现整体共赢。

2021年6月21日，各方债权人正式达成按一定比例受偿的重整方案。2021年6月24日，浙江省遂昌县人民法院将全部执行款项汇至各债权人银行账户。2021年6月25日，该院作出终结申请人王某某的个人债务重整程序的裁定，对王某某为被执行人的11件案件全部以执行完毕方式结案，并解除对王某某的所有强制执行措施。至此，长达20余年的王某某系列债务案得以圆满化解。

【典型意义】

2019年2月27日，最高人民法院在《关于深化人民法院司法体制综合配套改革的意见》中首次提出研究推动建立个人破产制度。本案系浙江省遂昌县人民法院积极引入个人债务重整制度成功化解信访矛盾纠纷的典型案例。浙江是民营经济大省、改革开放先行省份，浙江法院在个人破产领域实践先行，自2018年起开展试点探索个人债务集中清理工作。2020年12月2日，在全面总结试点经验的基础上，浙江省高级人民法院出台《浙江法院个人债务集中清理（类个人破产）工作指引（试行）》，将“有履行能力而拒不履行生效法律文书确定义务”的债务人与“诚实而不幸”的债务人予以区分，对前者采取强制执行措施，对后者可以通过个人债务集中清理进行集中执行，让债务人从债务的“锁链”中解脱出来。个人债务集中清理工作实现了个人破产制度与强制执行制度的充分衔接，具有债务人“破产保护”、债权人公平清偿、教育和风险警示等作用，有利于促进市场经济健全运行和完善社会主义市场经济法律体系。本案中，浙江省遂昌县人民法院为畅通执行不能案件依法退出路径，积极开展具有个人破产制度性质的“个人债务重整”工作，为后续个人破产制度立法提供了重要的实践素材和浙江样本。

案例5　汪某申请强制执行民间借贷信访案

——针对被执行人无财产可供执行，申请执行人债权无法执行到位，导致系列执行案件同时陷入僵局情况，安徽省定远县人民法院联合该县工业园区管委会，向该县县委、县政府作专题汇报，争取支持，由该县县委、县政府协调县城投公司收购上述“僵尸企业”资产，系列案件最终得以顺利执结

【基本案情】

汪某与汪某某民间借贷纠纷一案，安徽省定远县人民法院作出民事调解书，确认汪某某向汪某分期支付借款76万元。调解书生效后，汪某某未履行还款义务，汪某申请法院强制执行。执行中，安徽省定远县人民法院查明汪某某作为被执行人无财产可供执行，但作为另案申请执行人，却有较多未执行到位的债权案件在法院执行。经梳理，汪某某申请执行郭某某一案标的额较大，而郭某某作为申请执行人申请执行某化工公司一案，该化工公司在定远县工业园区有厂房及相关设备尚未处理。另查明，上述化工公司因不符合国家相关环保政策已关停多年，其厂房和设备经法院拍卖无人购买而流拍，几起案件执行均陷入僵局，汪某也因案件无法执行到位多次信访。

经多番走访调查，安徽省定远县人民法院得知当地县政府为清理“僵尸企业”出台了“腾笼换鸟”相关政策，有意征收位于县工业园区内的上述化工公司土地。为破解执行难题，安徽省定远县人民法院积极与该县工业园区管

委会联系,联合向县委、县政府作系列执行案件化解专题汇报。县委、县政府召开协调会,协调同意由县城投公司按变卖价收购上述化工公司资产,收购程序结束后,县城投公司如约将收购款汇入法院执行款账户。2021 年 5 月,上述系列案件得以顺利执结。

【典型意义】

本案是安徽省定远县人民法院紧紧依靠当地党委政府,实施府院联动成功化解涉执信访的典型案例。如何化解"僵尸企业"带来的系列案件是当前人民法院面临的一项难题,自安徽省加入"长三角一体化"后,定远县县委、县政府加大招商引资力度,引进不少外地企业进驻县工业园区,工业园区土地供应紧张,这为处理"僵尸企业"提供了良好契机。安徽省定远县人民法院抓住机遇,多方协调,与县工业园区管委会联合行动,向县委、县政府作专题汇报,寻求帮助,顺利解决困扰多年的涉执信访矛盾,也成功盘活闲置国有资产。

案例 6 焦某申请执行机动车交通事故赔偿款信访案

——被执行人企业为了规避执行,雇佣老弱村民为法定代表人,鄂托克旗人民法院向辖区工商行政管理局发出司法建议,要求予以整顿,促使案件顺利执结

【基本案情】

焦某与党某、党某海、沧州某运输队(个人独资企业)机动车交通事故责任纠纷案,2013 年 1 月 18 日,鄂托克旗人民法院作出民事判决,判令党某海支付焦某 581464.95 元赔偿款,党某、沧州某运输队与党某海承担连带赔偿责任。判决生效后,党某海、党某、沧州某运输队未履行判决义务。2014 年 7 月 15 日,焦某申请法院强制执行。执行过程中发现,被执行人党某因本案事故在监狱服刑,被执行人党某海下落不明,被执行人沧州某运输队注册时的住所地与实际经营地址不符,无法查找到公司及负责人,且没有可供执行的财产,本案于 2015 年 1 月 5 日终本结案。

2017 年 5 月 15 日,鄂托克旗人民法院得到线索,当时的肇事车辆(已报废)还扣押在高速公路管理局,随即对本案恢复执行,并通过评估、拍卖、变卖程序对该车辆进行处置,但均流拍,申请执行人焦某也不同意前来法院接

收车辆以物抵债。本次交通事故中，申请执行人焦某也造成他人伤亡，需要赔付，另案申请执行焦某的两件执行案件也均未履行完毕，焦某怕亲自过来法院处理案件将被法院采取强制执行措施，且另案两个申请执行人也不同意以物抵债上述肇事车辆。2018 年 4 月 25 日，法院依法向三被执行人发出限制高消费令，并将其纳入失信被执行人名单。2018 年 12 月 12 日，执行干警前往被执行人户籍地调查发现，被执行人党某海已去世，且无可供执行的财产，因此陷入困局，于 2018 年 12 月 29 日再次以终本方式结案。

2020 年 6 月 20 日，申请执行人焦某向鄂托克旗人民法院提交书面申请，要求追加被执行人沧州某运输队的原投资人周某峰及现投资人周某胜为本案被执行人。2020 年 8 月 6 日，鄂托克旗人民法院裁定追加周某峰及周某胜为本案被执行人，承担被执行人沧州某运输队应承担的义务，但因未查到其名下有可供执行的财产，故再次终本。

2020 年 11 月 23 日，申请执行人焦某持追加被执行人裁定书再次申请恢复执行。鄂托克旗人民法院依法向被执行人送达了执行通知书、报告财产令等法律文书，且及时通过网络查控手段对被执行人财产线索进行查询，但仍未查到可供执行的财产。

申请执行人焦某在 2021 年第一批政法队伍教育整顿开展后，向督导组反映此案未能执行到位。收到信访案件转办后，鄂托克旗人民法院党组高度重视，指派分管执行工作的院领导带头执行，经现场深入调查发现，此前被追加的被执行人系受被执行人沧州某运输队雇佣担任法定代表人，为当地村民，而非实际投资人和经营人。因此，鄂托克旗人民法院于 2021 年 5 月 1 日向被执行人沧州某运输队辖区工商行政管理局发出司法建议，要求对该运输队变更住所地未备案及法定代表人不符合法律规定的情况及时予以整顿。该运输队主动承认错误，于 2021 年 5 月 12 日汇入本案“一案一账户”案款 583966.31 元，本案顺利执行完毕，且以焦某为被执行人的其他两件关联案件均顺利执结，申请执行人也都得到了赔偿款。

【典型意义】

本案从执行不能到执行完毕历时 7 年，但最终得以圆满解决，是法院及时调整工作思路，积极采取多方联动，综合运用各项措施，不断加大执行力度的集中体现。既有力维护了当事人的合法权益，也避免了产生新的信访案件，对维护群众利益和地区和谐稳定具有积极意义。

案例7 王某申请强制执行借款信访案

——以履行债务的主要责任人为切入点，化解矛盾纠纷

【基本案情】

2008年，福建省厦门市中级人民法院受理王某诉某公司民间借贷纠纷一案，并依王某的申请，足额保全冻结某公司银行账户1667万元。该案经一审、二审，均判决驳回王某的全部诉讼请求。福建省厦门市中级人民法院遂解除了保全冻结。王某申请再审，最高人民法院经提审后判决支持了王某的诉讼请求。王某据此于2016年5月申请强制执行。但此时，某公司账户中已无分文，名下位于江西省九江市的房产亦转移登记至原法定代表人林某的女儿名下。历经8年取得的胜诉判决却无法兑现，王某情绪激动，多方反映对解除保全的不满。福建省厦门市中级人民法院多次向王某释明，并引导其就某公司转移财产的行为另行提起撤销权之诉。撤销权诉讼历经江西省九江市中级人民法院、江西省高级人民法院一审、二审并进入执行程序。2019年6月，撤销权判决履行完毕，某购物中心负一楼停车位的备案登记恢复至被执行人某公司名下。

在变更备案登记过程中，福建省厦门市中级人民法院为尽早实现申请执行人王某的合法权益，于2019年3月、4月两次先行发函江西省九江市房地产管理部门，征询拍卖车位的相关事宜。2019年7月，江西省九江市房地产管理部门函复福建省厦门市中级人民法院，某购物中心负一层因规划未计容，不能办理车位不动产转移登记手续。为此，福建省厦门市中级人民法院派员与江西省九江市房地产管理部门进一步协商车位拍卖问题，但未果。福建省厦门市中级人民法院立即改变执行方案，提取承租人的租金334000元。因执行到位的租金与执行标的额相距甚远，而执行标的因无法办理产权证，价值大打折扣，执行陷入僵局。王某遂不断上访、信访，言辞激烈。

福建省厦门市中级人民法院数次研讨案情，制定了以影响债务履行的主要责任人（原法定代表人）林某为切入点的执行方案。一是启动对车位的处置程序，张贴腾房公告，向被执行人施加压力；二是对林某采取了限制消费、限制出境等措施，迫使其走到了面对问题的第一线；三是组织执行和解，以期

最大化实现申请执行人合法权益。历经数月的背靠背和解，福建省厦门市中级人民法院把限购政策、税收承担、房产交付、权属变更、债权债务结算等问题都一一解决后，终于促成王某与林某、某公司在2021年11月签订了和解协议。林某以自有房产为某公司代偿债务，并于协议签订当日办理了房产交付及产权变更登记手续。2021年11月9日，王某拿着刚到手的房屋权属证书到福建省厦门市中级人民法院制作笔录，明确表示长达14年的纠纷终于得到了圆满解决，其所有针对诉讼、执行的上访都同意息诉息访，感谢执行法院的努力付出。

【典型意义】

本案是以履行债务的主要责任人为切入点，化解矛盾纠纷的典型案件。案涉纠纷历时14年，横跨两省三级法院，且生效判决又因依法解除保全冻结造成执行不能。福建省厦门市中级人民法院立足解决问题的根本点，采取富有针对性的执行措施，最终促成各方当事人达成执行和解并及时履行完毕。该案的顺利执结，化解了当事人长达14年的心结，让各方当事人都对法律产生敬畏之心，也有了信赖之感，取得了良好的法律效果和社会效果。

案例8 善意解封助推涉众欠薪案件执结案

——广东法院认真贯彻《工资支付条例》，及时兑现工人工资债权

【基本案情】

中山市某制衣厂因拖欠工人工资而被起诉，广东省中山市第一人民法院共受理相关案件64件，涉及457名工人工资503万余元。2020年9月，广东省中山市第一人民法院查封了中山市某制衣厂的成品及设备。经核实，查封财产中包含由案外人某公司提供原材料、制衣厂负责代工的产品。因案外人急需将成品衣在国庆黄金周售卖，经广东省中山市中级人民法院、中山市人社局等多方协调并经绝大多数工人同意，广东省中山市第一人民法院裁定解除对上述财产的查封，案外人随后将100万元案款转至法院账户，广东省中山市第一人民法院组织对364名工人工资按50%比例先行发放。此后，该

院坚持“优先立案、优先执行、优先发放执行款”原则，继续采取执行措施，于2021年1月、9月分别执行到位217万余元、120万余元，全案累计执行到位439万余元，工人工资受偿比例达84%以上，工人普遍感到满意。

【典型意义】

该案是广东法院认真贯彻《工资支付条例》，及时兑现工人工资债权的典型案例。该案执行过程中，执行法院坚持善意文明执行，巧用“活水养鱼”查封措施，盘活企业资产，将疫情期间民营企业解决欠薪问题纳入“六稳”“六保”工作范畴，在尽最大可能兑付欠薪工人工资的同时，帮助欠薪企业恢复生产，走出困境。

案例9 某农信社申请强制执行抵押土地信访案

——被执行的抵押土地已部分开发房屋并销售完毕，查封土地引起购房业主信访，广西壮族自治区柳州市中级人民法院发挥联动机制、创新执行方式妥善解决

【基本案情】

某农信社与某公司借款合同纠纷一案，广西壮族自治区柳州市中级人民法院作出的(2018)桂02民初2号民事判决生效后，某农信社依据该判决向该院申请强制执行，要求某公司偿还借款本金28190937.47元、罚息4085131.48元(暂计至2018年9月4日)，拍卖、变卖设定抵押的土地使用权，从所得价款中优先受偿。广西壮族自治区柳州市中级人民法院在执行中发现，该土地已进行了部分开发，建成26栋商品房并销售完毕。因土地使用权上设定有抵押且被查封，已购房的数百户业主一直未能办理产权证，长期向柳州市国土部门、城区政府上访，要求法院解封土地，给购房业主办证。若不解封、强制执行拍卖抵押的土地使用权，已购房业主的房屋产权不能实现。但若解封，被执行人无其他财产可供执行，申请执行人的债权得不到保障，农信社的金融债权无法回收。而且，该土地使用权未被开发的部分，多年来处于闲置状态，不及时处置会造成土地资源的巨大浪费。广西壮族自治区柳州市中级人民法院充分发挥主观能动性，在对土地现状和价格进行细致调查评

估、与不动产管理部门探讨、并与当事人进行充分沟通的基础上，创新提出了对案涉土地使用权分割处理的方案：即注销原来的土地证，对已开发部分和未开发部分，分别办理两本土地使用权证，对未开发的土地进行拍卖，得款偿付申请执行人农信社；对已开发的土地进行解封，让购房业主办理产权证书。为有效落实该方案，广西壮族自治区柳州市中级人民法院积极主动向广西壮族自治区高级人民法院和柳州市市委市政府报告，在广西壮族自治区高级人民法院和柳州市委市政府的组织协调下，金融管理和不动产管理部门与相关法院联动，顺利解决了土地使用权证分割、财产处置权移交问题。土地处置范围明确后，广西壮族自治区柳州市中级人民法院依法对该土地使用权采取了拍卖措施，并于 2021 年 4 月 20 日以最高价 4375 万元拍卖成交，所得价款在预留相关税费后已及时向农信社发放。另一方面，数百户购房业主目前已经全部办理房屋产权证；被拍卖的土地在成交后也进入了开发阶段。

【典型意义】

该案通过灵活的执行处置方式，既化解了购房业主的信访难题，用实际行动践行了“我为群众办实事”，取得了较好的社会效果。同时，也保障了申请执行人的债权，实现了金融债权的顺利回收，还“救活”了闲置土地，为优化法治营商环境，服务当地经济社会高质量发展作出应有贡献，达到了“双赢”的效果。该案也是广西壮族自治区高级人民法院组织开展的涉农村合作金融机构未结执行案件“百日攻坚”活动效果的有力体现。

案例 10　阳某、韦某璋申请强制执行投资款及资金信访案

——协助执行人不履行协助义务，贵州省黎平县人民法院出具《预罚款决定书》促使案件顺利执结

【基本案情】

阳某、韦某璋申请执行贵州省黎平县某石料公司合同纠纷一案，2020 年 8 月，贵州省黎平县人民法院作出民事判决，判令贵州省黎平县某石料公司支付原告阳某投资款及资金占用费等 1460000 元及利息、支付原告韦某璋投资款及资金占用费等 1500000 元及利息。贵州省黎平县某石料公司不服，遂向贵州省黔东南州中级人民法院上诉，该院作出二审判决，维持原判。判决

生效后，贵州省黎平县某石料公司未履行生效法律文书确定的义务。2021年1月，阳某、韦某璋向法院申请强制执行。执行过程中，贵州省黎平县人民法院对被执行人被保全银行账户内的存款1044521.81元予以强制扣划。同年3月15日，贵州省黎平县人民法院依法对被执行人在第三人贵州某实业公司的1963369元债权款进行扣划，第三人贵州某实业公司以公司资金周转困难为由，请求法院给予时间筹款支付。该案承办法官充分考虑到第三人系黎平县重点企业，强制提取可能给第三人造成资金周转困难，同意第三人于2021年5月30日前缴清上述款项。在协助执行期限即将届满之前，贵州省黎平县人民法院又向第三人送达了风险告知书，第三人仍拒不协助将1963369元债权款汇入指定账户。2021年6月4日，贵州省黎平县人民法院将《预罚款决定书》送达第三人，该公司才将400000元汇入指定账户，并承诺5天后将剩余1563369元付清，若到期没付清，自愿承担一切法律后果。2021年6月9日，第三人将被执行人在该公司的剩余债权款1563369元汇入指定账户，该案得以顺利执行完毕结案。

【典型意义】

贵州省黎平县人民法院在办理本案过程中，认真贯彻落实善意文明执行理念，既维护了胜诉当事人的合法权益，又兼顾了辖区内重点企业的经营发展，既获得了申请执行人的赞赏，又维护了黎平县良好的营商环境，取得了政治效果、法律效果与社会效果的有机统一。